PÉLERINAGE

POÉTIQUE

EN SUISSE

ET

POÉSIES DIVERSES

PAR A.-H. LEMONNIER

MEMBRE DE LA SOCIÉTÉ PHILOTECHNIQUE, ETC.

NOUVELLE ÉDITION

PARIS

JOËL CHERBULIEZ, LIBRAIRE

10, RUE DE LA MONNAIE

GENÈVE, MÊME MAISON

1854

PÉLERINAGE

POÉTIQUE

EN SUISSE

ET

POÉSIES DIVERSES

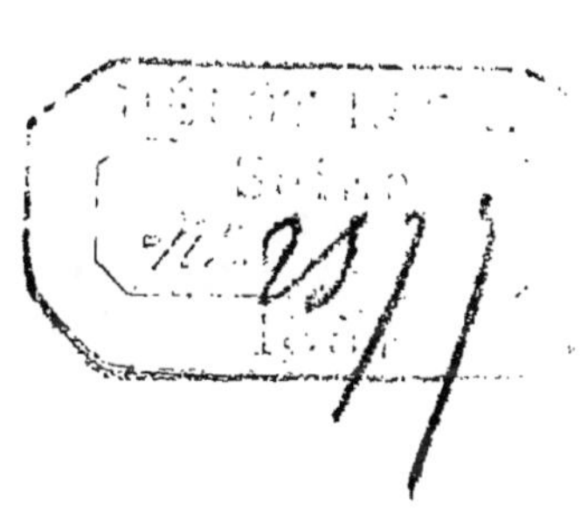

OUVRAGES DU MÊME AUTEUR :

Souvenirs d'Italie.

Pélerinage poétique en Suisse, et Poésies diverses (1re édition).

Mosaïque Littéraire.

Études sur Horace.

4 volumes in-8º.

PARIS. — IMPRIMERIE FÉLIX MALTESTE ET Cie,
22, rue des Deux-Portes-St-Sauveur.

PÉLERINAGE

POÉTIQUE

EN SUISSE

ET

POÉSIES DIVERSES

PAR A.-H. LEMONNIER

MEMBRE DE LA SOCIÉTÉ PHILOTECHNIQUE, ETC.

NOUVELLE ÉDITION

PARIS

JOËL CHERBULIEZ, LIBRAIRE

10, RUE DE LA MONNAIE

GENÈVE, MÊME MAISON

1854

La première édition de ce recueil parut accompagnée d'une Préface; l'édition nouvelle en aura-t-elle une?

Reproduire, à l'époque où nous sommes, un poème descriptif, même court, et d'autres essais dont le ton général n'est pas fort sérieux, c'est, à la vérité, une hardiesse qui semblerait avoir besoin d'être excusée dans quelques pages préliminaires; mais l'inutilité de cette sorte de justification est amplement démontrée. Si les vers sont peu lus maintenant, encore moins daigne-t-on lire la prose qui leur sert d'introduction. Donc, point de Préface. L'auteur de ce volume l'abandonne purement et simplement à la destinée des livres. Il sait d'avance que le genre de ses opuscules ne s'accorde guère avec le goût actuel : ainsi, presque tout lui est contraire. Pourquoi, lui pourrait-on dire alors, pourquoi, cela étant, hasarder une semblable publication? Parce qu'il reste place, peut-être, pour un succès d'estime auprès de quelques esprits demeurés fidèles à des traditions trop délaissées de nos jours, et que l'espoir de l'obtenir est un suffisant encouragement pour qui n'a jamais cherché ailleurs une réussite plus bruyante; puis enfin vient l'*ultima ratio* des auteurs :

Trahit sua quemque voluptas.

PÉLERINAGE

POÉTIQUE

EN SUISSE

PÉLERINAGE

POÉTIQUE

EN SUISSE.

I

**Bâle. — Augusta. — Le Rhin. — Schaffhouse. — Zurich.
Le Lac de Lucerne.**

Wohl dir vergnügtes volk! Dir hat ein hold geschicke
Der Laster reichen quell den ueberfluss versagt ;
Dem, den sein stand vergnügt, dient armuth selbst zum glucke
Da pracht und uepickeit den länder stütze nagt.

HALLER, Die Alpen.

Helvétiens, le destin favorable
Vous préserva du luxe corrupteur,
Source d'impurs désirs qui font l'homme coupable :
Contens de votre sort, sans le vouloir meilleur,
Dans la simplicité vous trouvez le bonheur ;
Tandis qu'un grand État, puissance misérable,
Souffre et gémit, entouré de splendeur.

De Tell, de Winkelried glorieuse patrie,

Terre où la liberté fut constamment chérie,

Salut, ô belle Suisse! Alpes, dans le lointain,

Est-ce vous que je vois? Mon regard, incertain,

En vous cherchant au ciel, confond avec les nues

De vos monts de granit les sommités chenues.

1

Un art flatteur du luxe et des goûts citadins,
Assujettit longtems l'arbre de nos jardins,
Les gazons et les fleurs au dessin méthodique ;
Le poëte, abusant du style didactique,
Célébrait des bosquets alignés au cordeau,
Des marbres arrosés d'un mince filet d'eau ;
En un plan régulier ses rimes assemblées
Du parterre uniforme imitaient les allées :
Moi, qu'on ne vit jamais aux modernes puissans
Prodiguer la vapeur d'un mercenaire encens,
Aux montagnes que j'aime, aux forêts solitaires
Je cherche des pensers, des accens plus austères,
Aux déserts je demande un repos qui me fuit.
Viens, Muse, suis mes pas loin du trouble et du bruit ;
Abjurant le souci d'une vaine parure,
Viens, abandonne au vent ta libre chevelure,
Laisse les grands desseins pour d'agrestes loisirs,
Souris au voyageur, et décris ses plaisirs.

Avec un doux transport de Paris je m'exile ;
J'ai besoin d'un air pur, il me faut un asile
Où s'abrite mon cœur, où mes yeux soient distraits
D'un monde gouverné par de vils intérêts.
On dit — dois-je le croire ? — on dit qu'il est encore,
Sur la terre helvétique, un peuple qui s'honore
D'avoir, jusqu'à nos jours, avec fidélité,

Gardé ses vieilles mœurs dans leur intégrité.
Ah ! du moins, s'il est vrai que les vertus tranquilles
Et que la foi pieuse aient déserté ses villes,
J'en saisirai la trace en de lointains vallons,
Sur les rives des lacs, sur les cimes des monts :
Dans le hameau peut-être, au foyer domestique,
L'homme suit les leçons de la sagesse antique.
Si tel est votre sort, pasteurs helvétiens,
Vous êtes possesseurs des véritables biens.
Le respect des aïeux plaît à l'Être suprême ;
Vénérer leurs vertus, oui, c'est faire soi-même
Un acte vertueux que Dieu daigne bénir.
Se plaire à cheminer, avec leur souvenir,
Sur la route par eux loyalement suivie,
C'est dans ses propres jours continuer leur vie.

Entre la Germanie et la France, aux confins
Des deux vastes États, ses belliqueux voisins,
Bâle m'ouvre la Suisse, et déjà la contrée
Par un attrait nouveau me charme dès l'entrée.
Là commencent les monts du Jura verdoyant :
Près d'un site sévère est un aspect riant :
Suspendu sur des rocs, c'est un castel gothique,
Ruine féodale ; ailleurs, un pont rustique
Sur la Byrse fougueuse ; et puis, c'est le vallon
D'Arlesheim, son châlet, sa *grotte d'Apollon*,

Sa tour au bord du lac, ravissantes demeures,
Où le sage et l'amant vont oublier les heures ;
De Sainte-Marguerite, enfin, c'est le coteau,
Sa large perspective ; et, pour fond du tableau,
Les monts de la Souabe, agreste paysage
Tranchant le bleu du ciel dans un lointain sauvage.

Riche par le travail, simple avec dignité,
Bâle chérit la paix ; ce n'est plus la cité
Qui jadis opposa, dans un hardi Concile,
Aux lois du Vatican l'autorité civile.
Du sacerdoce, alors, les foudres menaçans
Au pied des murs de Bâle expiraient impuissans ;
Rome sentait fléchir ses volontés altières ;
Les saintes clés cédaient à de fortes barrières.
Vers ce temps orageux, lorsque l'Helvétien,
A peine délivré du joug autrichien,
Vit flotter d'Armagnac les étendarts serviles,
En un jour glorieux, Bâle eut ses Thermopyles,
Dignes d'une autre Sparte et d'un Léonidas.
Pour immortaliser ses courageux soldats,
La Grèce avait des arts, des palmes, des poètes ;
Aux monts helvétiens les Muses sont muettes.
Du génie oublieux tu n'as rien obtenu,
Modeste champ-d'honneur, toi, presque méconnu,
Saint-Jacques ; tes guerriers, leur dévoûment, leur gloire,

Ont trop peu d'une page au livre de l'histoire.
Ah! tant que la vertu vivra chez les mortels,
Tant qu'elle aura sur terre un culte et des autels,
Tout homme au noble cœur bénira de ses larmes
De vaillans citoyens qui meurent sous les armes,
Défenseurs de leur sol foulé par l'étranger,
L'arrosant de leur sang, s'ils n'ont pu le venger.

La gloire des combats jette un éclat splendide;
Mais, victoire ou défaite, hélas! c'est l'homicide;
Le deuil suit les vaincus et maudit les vainqueurs;
Des vertus, des talens les paisibles honneurs,
Moins brillans, valent mieux que cette renommée
Conquise trop souvent par l'injustice armée.
Dans l'intime ferveur d'un sentiment pieux,
On aime à reporter, comme vers ses aïeux,
Aux hommes d'autrefois, comptés parmi les sages,
La vénération, le plus pur des hommages.
Bâle, dans ton église aux gothiques arceaux
Dorment d'illustres morts; penché sur leurs tombeaux,
J'en évoque les traits de ces hommes célèbres,
Dont j'ai tout près de moi les dépouilles funèbres;
Par un élan hardi, ma pensée à ces morts
Restitue un moment leurs ames et leurs corps.
Celui qui dans un jour de verve et de saillie,
Fit l'éloge moqueur de l'humaine Folie,

Cet Érasme disert, cet éloquent docteur,
De tant de beaux écrits laborieux auteur,
Il me semble le voir, assis à son pupitre,
Des *Colloques* fameux écrivant un chapitre;
Il m'apparaît pensif, le regard incliné,
Tel que dans un chef-d'œuvre Holbein l'a dessiné.
Le charme se poursuit, il m'aide à reconnaître
Ammerbach et Froben, près d'Érasme leur maître;
Je vois les Bernoully, grands esprits, nobles cœurs,
Qui surent allier la science et les mœurs.
Imagination, consolante chimère,
Oui, grâce à ton pouvoir, notre vie éphémère
Ajoute au tems présent les tems qui ne sont plus;
Tu nous rends les amis que nous avons perdus;
A l'épouse, à la mère, hélas! trop tôt ravie,
L'ardente illusion redonne un peu de vie.
Là, ne se bornent pas, douce erreur, tes bienfaits:
Des mortels que nos yeux n'ont aperçus jamais,
Le philosophe humain, vrai sage qu'on révère,
L'artiste qu'on chérit, l'écrivain qu'on préfère,
Un effort du désir les ramène ici-bas,
L'œil de l'âme les voit affranchis du trépas.
Imagination, telle est donc ta puissance,
Qui nous lie au passé par la reconnaissance,
Et même de la mort nous fait un sentiment.

Du passé va sortir un autre enseignement :
Non loin des murs bâlois gît une ville entière,
Morte, et qui de son peuple enferme la poussière.
La cité que jadis la gloire visita,
Sépulcre maintenant, eut le nom d'*Augusta*,
Quand maîtresses du Rhin, les légions romaines,
Déployant sur ses bords leurs aigles souveraines,
Contenaient le Gaulois, s'imposaient au Germain,
Et les civilisaient les armes à la main.
Les Romains ne sont plus, leur splendeur effacée
Est comme dans les cieux la comète éclipsée ;
Leur pouvoir à la terre a laissé pour débris
D'informes monumens par les siècles flétris :
A peine sur ces bords j'en reconnais la trace,
Et de la ville Auguste un bourg a pris la place :
Le toit de l'indigent se montre aux mêmes lieux
Où brillèrent jadis les demeures des dieux.
Dérision du sort et vanité de l'homme !
De pauvres laboureurs ont hérité de Rome.

Tel est l'arrêt commun, tout succombe ici-bas,
Ce qui reçut la vie appartient au trépas :
Contemplons la nature, elle seule est durable,
Et pour elle toujours le tems est réparable.

Vers les plaines d'Alsace au loin coule étendu

Le Rhin, qui de l'Adule avec bruit descendu,
Limite les États du rempart de son onde.
Parmi les monts glacés sa fougue vagabonde
A signalé déjà le fleuve conquérant.
Au Rhinwald, à Laufen, indomptable torrent,
Brisant sur des récifs sa colère écumante,
Il roule, avec ses flots fait jaillir l'épouvante,
Et semble de son urne épuiser les trésors ;
Ici, comme lassé d'inutiles efforts,
Contenu, mais rapide, il poursuit sa carrière ;
Puis, sentant défaillir sa majesté première,
Il court au sein des mers se perdre en frémissant,
Prince dépossédé, dont le sceptre impuissant
Est soumis désormais au trident de Neptune.

De nos jours fugitifs, de l'humaine fortune
Le Rhin offre un emblème : en naissant du rocher,
C'est un frêle ruisseau que l'on voit épancher
Humblement, lentement, son onde solitaire ;
La neige des glaciers, le torrent tributaire
L'ont-ils grossi ; superbe, il s'avance ; un écueil
L'entrave dans sa route, et surprend son orgueil ;
Il franchit toutefois l'obstacle qui l'arrête,
Il triomphe en courant ; passagère conquête !
Loin des sombres forêts qui cachent son berceau,
Il doit dans l'Océan rencontrer son tombeau.

Telle est notre existence, au début incertaine,
Plus tard ambitieuse ; un penchant nous entraîne ;
Environnés d'écueils, de périls, de combats,
Nous allons, oubliant que la mort suit nos pas,
Et, quand nous invoquons le repos, la cruelle
Nous condamne au sommeil de la nuit éternelle.

Fleuve-roi, libre encor, c'est ici que le Rhin
Brave le joug de l'homme et marche en souverain ;
Ses flots retentissans, formidables barrières,
Sont l'appui, le danger des villes forestières.
J'avance ; quel aspect ! Quel bruit prodigieux !
Le fleuve menaçant tonne contre les cieux,
Schaffhouse m'apparaît ! En ces lieux, le génie
Lui-même faiblirait sous l'immense harmonie
De tant de flots pressés qui tombent à la fois.
Mon humble voix se perd dans cette grande voix ;
Avec terreur j'admire un spectacle sublime,
Qui confond l'art humain et l'effort de la rime.
Dante serait muet devant cet *enfer d'eaux* ;
Là Vernet et Gudin jetteraient leurs pinceaux :
Cet imposant tableau du Très-Haut est l'ouvrage,
L'homme n'en peut tracer qu'une insensible image.

Contraste plein de charme ! un site gracieux
D'une scène d'effroi va distraire mes yeux :

J'aime Zurich, surtout j'aime son lac paisible,
S'allongeant comme un fleuve au cours lent et flexible,
Ces bords où l'homme goûte avec sécurité
L'aisance qui ressemble à la félicité.
Puisse durer toujours ce bien-être, et la guèrre
Des périls du passé préserver une terre
Dont la beauté répugne à de sanglants exploits!
Ces conflits désastreux des peuples et des rois,
Il t'en souvient, Zurich, t'ont coûté bien des larmes:
Sans défense au milieu du tumulte des armes,
Philosophe chrétien, le sage Lavater
Secourait des blessés, quand un indigne fer
Du vieillard bienfaisant brisa la destinée.
Anathème au cruel dont là main forcenée
Commit si lâchement cet horrible attentat!
Et quel fut le coupable? un Français! un soldat!
Oui, ce fut un des tiens, France, et de ton histoire
On voudrait de son crime effacer la mémoire.

Ecartons des pensers de guerre et de malheurs;
Cette contrée abonde en souvenirs meilleurs:
Au pied du mont Albis voici l'aimable asile
Où reste écrit le nom du chantre de l'Idylle,
De Gessner, qui, poète et peintre tour-à-tour,
A célébré les champs, les bergers et l'amour.
Là, tout près de la Sihl, dans ce riant bocage,

Il chantait le printems et les fleurs et l'ombrage,
Les graces de Chloé, le trouble séducteur
Qu'un premier sentiment cause en un jeune cœur,
De Myrtil, de Daphné la tendresse ingénue,
Et la beauté sans fard, et l'innocence nue ;
Là, peignant la vertu dans ses chastes attraits,
Il rêvait l'âge d'or.... qui n'exista jamais.

Enfant, j'aimais la Suisse, et dès-lors ma pensée,
Vers les monts de Lucerne ardemment élancée,
Admirait en espoir leurs sommets éthérés
Que de simples pasteurs jadis ont illustrés.
Ces modestes héros, et leur mâle courage,
Et leurs élans de gloire, enchantaient mon jeune âge.
Les voilà donc ces monts ! Le voilà ce séjour,
Où périt Winkelried, où Tell reçut le jour,
Où trois hommes vaillans, forts de leur conscience,
Des cantons, les premiers, jurèrent l'alliance !
Noble triumvirat, braves confédérés,
Dieu sans doute applaudit à vos sermens sacrés :
Furst, Werner et Melthal, sur vos vertus antiques
S'est fondé le bonheur des tribus helvétiques.
Altorf, riant Burglen, majestueux Ruttli,
Forêts de l'Unterwald, et vous, Alpes d'Uri,
L'Éternel, à grands traits, de ses mains vénérables,
Vous avait dessinés pour des faits mémorables.

Beau lac, rochers fameux, votre imposant aspect
Me remplit à la fois de crainte et de respect :
Vous fûtes honorés par un effort sublime,
Alors que, de ses droits conquérant légitime,
L'Helvétien, armé de glaives dévorans,
Affranchit son pays, et punit ses tyrans.

Quel plus noble sujet pour la Muse héroïque !
Cette fière Helvétie est la terre classique
Et de l'indépendance et de l'égalité.
Guidé par la raison et par l'humanité,
Le poëte eût décrit un peuple magnanime
Contre ses oppresseurs se levant unanime ;
Au seul aspect des lieux, son génie inspiré,
Eût dans leurs souvenirs puisé le feu sacré ;
Empruntant ses accents à la nature même,
Aux Alpes il eût dit : Vous êtes mon poème !
Son vers plein d'énergie eût chanté dignement
L'immortel Winkelried et son beau dévoûment,
De l'esclavage enfin la chaîne déliée,
L'Helvétien vainqueur, l'Autriche humiliée,
Morgarten et Sempach, Nefels, et des exploits
Que le cœur peut au moins approuver une fois ;
Mais à ces chants la Suisse est encore étrangère,
Et, féconde en héros, il lui manque un Homère.

L'Helvétien, hélas! enfant dénaturé,
Affichant en Europe un nom dégénéré,
D'un trafic odieux victime volontaire,
Prodigua trop long-temps son appui mercenaire;
Il vendait sa vigueur, son sang, sa liberté,
Et de son toit natal s'était déshérité.
D'un indigne salaire acceptant le servage,
L'homme qui met à prix sa force et son courage
Est un soldat sans gloire, un guerrier sans vertu.
Pour la cause d'autrui las d'avoir combattu,
Infortuné, reviens de ton erreur extrême;
Fidèle à ton passé, par égard pour toi-même,
Souviens-toi du grand jour de Morat, et qu'un roi
Ose envahir tes champs, alors combats pour toi.
Le soldat, qui se courbe en labourant sa terre,
Fièrement se redresse au premier cri de guerre;
Sa cause est juste, sainte, elle a droit au succès.
Puisses-tu, peuple ami, garder, pure d'excès,
Ta liberté, ce bien légué par tes ancêtres!
D'autres abaisseront leur front devant des maîtres,
A vous-mêmes soumis, heureux Helvétiens,
Vous n'êtes point sujets, vous êtes citoyens.
Faites qu'on dise encor: Des peuples qu'on renomme,
Vivent assujettis aux volontés d'un homme;
Le Suisse, indépendant, se gouverne sans rois,
Chez lui la vertu règne et les mœurs font les lois.

Ah ! surtout, évitez, dans votre République,
Les dangereux écarts de l'esprit anarchique ;
Le règne de la foule est le pire de tous.
Craignez ce despotisme ignorant et jaloux :
Mobile autorité, le pouvoir populaire,
Aujourd'hui généreux, demain est sanguinaire.
N'allez pas au progrès par brusques mouvemens ;
Chacun d'eux se résume en impôts, en tourmens :
C'est le peuple qui perd à ce jeu déplorable ;
Des révolutions il sort plus misérable,
Et s'aperçoit trop tard, en changeant de lien,
Que le désir du mieux est l'ennemi du bien.

II

> En voyageant en Suisse, le peintre trouve
> à chaque pas un tableau, le poète une image,
> le philosophe une réflexion.
>
> Le pasteur BRIDEL, *Course de Bâle
> à Bienne.*

Fille de la Raison et sœur de la Justice,
Messagère de paix, ô Liberté propice!
Tu devais ici-bas de la Divinité
Répandre les bienfaits avec égalité;
Tu promis d'éclairer, de féconder nos ames;
Ton flambeau du génie a rallumé les flammes,
Et l'homme à ton aspect s'est ému bien des fois.
Hélas! qu'un peuple armé revendique ses droits,
Lui vainqueur, trop souvent triomphe la licence,
Qui blasphème ton nom, profane ta puissance,

Transforme un digne usage en criminel abus,
Se pare insolemment du manteau des vertus,
Masque l'ambition et sert la tyrannie.
Oui, de la liberté funeste calomnie,
Effroi de l'homme juste et plaisir des méchans,
L'odieuse licence enfante les tyrans.

Liberté, vierge austère, en t'éloignant des villes,
Perpétuel foyer de discordes civiles,
Renonces-tu de même à ces vallons chéris,
Où jadis ton langage était si bien compris ?
Helvétiques tribus, faut-il que votre gloire
Ne soit qu'un vain reflet du fanal de l'histoire ?
Quoi ! pour vous, descendans d'un peuple de héros,
La patrie et l'honneur ne seraient que des mots !...
Liberté, si tu fuis les cités, les campagnes,
Je respire ton souffle avec l'air des montagnes,
Il agrandit mon être, il épure mes sens,
Ma faible voix s'élève à de plus fiers accens.

Me voici sous ta garde, ô nature ! ô ma mère !
D'un pied libre aujourd'hui je puis fouler la terre ;
Nul mortel entre nous ne vient s'interposer ;
Mon ame loin du monde aime à se reposer.

Enfin de l'Oberland j'ai franchi la limite :

Thoune, qui décrira le charme de ton site ?
Quel poète inspiré, quel magique pinceau,
De tes bords enchanteurs traceront le tableau ?
Qui saura définir ta grâce romantique,
Ton idéal aspect, ton lac mélancolique?
Dans cette grande image, où tout est plein de toi,
Souverain créateur, je reconnais ta loi ;
Partout, à chaque instant, j'admire ta puissance,
Et je sens ta bonté dans ta magnificence.

Thoune, sur ton rivage il m'est doux de m'asseoir,
Quand les champs sont teintés de la pourpre du soir ;
Il m'est doux d'écouter la clochette argentine
Du troupeau descendant lentement la colline,
Ou ce *Ranz* pastoral que le Suisse exilé
Sent vibrer nuit et jour dans son cœur désolé,
Cantilène sans art, naïve, attendrissante,
Qui fait mourir du mal de la patrie absente.
A cette heure de calme et de recueillement,
Exempt des soins du jour, on vit plus doucement,
Et, pareille à la nef sur l'onde balancée,
Dans un vague entraînant se berce la pensée.
En paix je vous savoure, instans délicieux :
Meilleur et plus sensible, à cette heure, en ces lieux,
J'ai pour l'humanité des élans de tendresse;
Le sort du laboureur m'émeut ; je m'intéresse

Au pauvre bûcheron qui retourne à grands pas
Vers le chaume où l'attend son modeste repas ;
Sa compagne aura mis sans doute une ramée
Au foyer dont là-bas s'élève la fumée.
Scènes du soir, plaisir qui trop vite s'enfuit,
C'en est fait, vous allez vous perdre dans la nuit ;
Plus épaisse, des monts son ombre descendue,
Bientôt de la vallée a rempli l'étendue.

Au penchant de sa course, et voilée à demi,
La lune veille encor sur le monde endormi ;
C'est de l'amant aimé l'heure mystérieuse,
Du voyageur aussi c'est l'heure aventureuse ;
L'esquif est prêt, on part : ennemi du repos,
Le désir curieux m'entraîne sur les flots.
Nul bruit ; l'aviron seul, qui retombe en cadence,
De la plage déserte interrompt le silence.
L'air cependant fraîchit, de l'aube précurseur :
Soudain perce dans l'ombre une faible lueur ;
Au souffle matinal de la brise légère,
De blanchâtres vapeurs montent dans l'atmosphère ;
Par degrés, de la nuit le flambeau languissant
Pâlit, et semble fuir devant le jour naissant.
A l'orient, enfin, l'aurore se fait place ;
Elle fond les brouillards, les dissout, les efface,
Répand son doux éclat sur la neige des monts,

Et va dompter la nuit dans le creux des vallons.
L'aigle sort du rocher, son redoutable asile,
Et plane sur le lac; le grèbe, moins agile,
Près du jonc qui l'abrite, ouvre avec volupté
Au vent frais du matin son plumage argenté.
A l'espoir du soleil qui monte, qui s'avance,
Tout renaît; le voilà! radieux, il s'élance;
Son orbe éblouissant, dans l'espace emporté,
Sur le front des glaciers roule avec majesté,
Et des ombres vainqueur, sur la nature entière
Il verse des torrens de vie et de lumière.
Comme une heureuse épouse, aux premiers feux du jour
La terre, en s'éveillant, sourit avec amour.
Le ciel est sans nuage, et les Alpes sublimes
Étalent de nouveau leurs gigantesques cimes,
Où domine la neige, éternelle blancheur,
D'un hiver continu monotone splendeur.

Neige, deuil éclatant jeté sur la nature,
Ton linceul de frimas, triste et froide parure,
Au faîte des glaciers est un voile tendu,
Dérobant un mystère à nos yeux défendu:
Tu caches du passé les antiques annales,
Tu tiens de l'avenir les semences fatales.
Ces monts, contemporains des siècles écoulés,
Ces rochers primitifs, par l'âge mutilés,

Archives de la terre, où notre sort se fonde,
En savent plus que nous sur l'histoire du monde.
Neige, qui les revets d'un sinistre manteau,
De la création seras-tu le tombeau?
Nous fais-tu pressentir, dans ton morne silence
Du globe refroidi l'entière décadence?
Par l'action du tems ce monde est-il usé?
Son germe producteur sera-t-il épuisé?...
Non, non, jeune toujours, la terre, chaque année,
Se montre de moissons et de fruits couronnée;
La Providence veille; ici-bas tout lui sert;
L'inertie apparente agit; rien ne se perd.
Là même où nul printems n'adoucit la froidure,
Où la sève, arrêtée, expire, la nature
Sait accomplir encore un utile dessein:
Les glaciers, goutte à goutte, absorbent dans leur sein
Le dépôt des frimas, trésor des grandes ondes,
Sous des voûtes d'azur, en des grottes profondes
Renouvelé sans cesse, et répandu toujours,
Réservoir qu'ont vidé, qu'ont rempli tant de jours,
Source-mère des lacs, des fleuves, des rivières,
Qui fécondent nos champs de leurs eaux nourricières;
Ainsi, du froid séjour de la stérilité
S'écoulent l'abondance et la fertilité.

Hautes-Alpes, j'aborde à vos pieds, je commence

A saisir quelques nœuds de votre chaîne immense,
A juger du regard, à mesurer vos flancs,
Hérissés des glaçons d'un hiver de mille ans,
Près de vous, sommités, devant qui je m'incline,
Je sens mieux ma faiblesse et la force divine.
L'homme a dit, aspirant au domaine éternel :
Le monde est fait pour moi, je suis fait pour le ciel ;
Et, comme un divin souffle anime son argile,
Voilà ce qu'il répète, existence fragile,
Qui prédit, en mourant, son immortalité.
Est-ce une illusion? Est-ce une vérité?
C'est un vaste désir, un sublime *Peut-être*.
Homme, esprit incomplet, qui voudrais tout connaître,
Tu t'ignores toi-même, et l'œil de ta raison
Ne saurait dépasser un étroit horizon.
Excepté Dieu certain, tout n'est qu'incertitude.
Que ta croyance en lui ne soit pas une étude :
Un cœur te fut donné pour avoir cette foi,
Pour aimer, pour chercher le bonheur près de toi.
Lorsque, dans son ardeur indiscrète, insensée,
Aux champs de l'infini s'élève ta pensée,
Crains un égarement avec peine évité;
Le savoir orgueilleux mène à l'impiété.
A tort peu satisfait de posséder les choses,
Tu prétends remonter des effets à leurs causes,
Prends garde, l'examen engendre les faux dieux.

Le simple sentiment nous instruit beaucoup mieux :
Les merveilles du ciel enseignent à la terre
Leur immortel auteur ; s'il lui plut de nous taire
Ses desseins et leur but, à l'être passager
Il sied de le bénir, non de l'interroger.

Dans les Alpes surtout je le comprends sans peine,
Et j'y vois le néant de la puissance humaine.
Rochers altiers, du globe énormes fondemens,
Vous avez vu crouler nos frêles monumens :
Carthage n'est qu'un nom, *Rome n'est plus dans Rome ;*
Ces ruines d'hier sont antiques pour l'homme ;
Les temples sont muets dans la poussière épars,
Et l'herbe s'est assise au palais des Césars.
On cherche la tribune où tonna Démosthènes ;
Le temps a devoré la glorieuse Athènes ;
La Grèce, au lieu de chants, n'a plus que des soupirs,
Et sa grandeur ne vit que dans nos souvenirs ;
Vous, rochers, monumens de ferme architecture,
De vingt siècles encor vous braverez l'injure.

De mes graves pensers interrompant le cours,
Un frais vallon m'invite en ses heureux détours :
Que j'aime, Lauterbrunn, ta solitude austère,
Ce baume d'un air pur qui jamais ne s'altère,
Des pins harmonieux le calme inspirateur,

Qui repose mes sens et qui parle à mon cœur !
Que j'aime à contempler les formes fantastiques
Des roches, figurant des tours et des portiques,
Ou bien les murs noircis d'un castel ruiné !
Du sauvage désert l'aspect désordonné,
Des pics majestueux les éclatantes cimes,
En ces lieux tout me plaît, tout, même les abîmes.
J'admire le torrent qui roule impétueux,
De l'épaisse forêt le sentier tortueux,
Les antres écartés, les montagnes bleuâtres,
Dessinant sur le ciel leurs longs amphithéâtres.
J'aime à voir du berger le rustique châlet,
Où, riche du bétail qui prodigue son lait,
Ignorant à la fois nos biens et nos misères,
Il vit content de peu, comme ont vécu ses pères.
S'il n'a pas l'opulence, il n'a pas les désirs,
Et son humble bonheur vaut mieux que nos plaisirs.
Lorsque de son destin nous plaignons la rudesse,
Peut-être qu'à son tour il plaint notre faiblesse.
La tempête, il le sait, peut ébranler son toit,
De pied ferme il l'attend ; son courage prévoit,
Sa force combattra ces atteintes subites :
Au moins n'a-t-il pas vu nos discordes maudites,
Orages dévastant la raison et le cœur,
Fléau des nations, où se perd leur honneur.
Fidèle à ses devoirs, docile à sa croyance,

D'une foi raisonneuse il n'a pas la science ;
Mais il est à l'abri du malheur de douter :
Sa conscience en paix n'a rien à redouter ;
Quand vient l'heure assignée à toute créature,
Confiant, il s'endort au sein de sa nature.

Le Staubbach me présente un spectacle nouveau,
Il déroule à mes yeux son magique tableau :
Une onde avec fracas des glaciers descendue
S'élance dans le vide, et coule suspendue,
Comme un large ruban déployé dans les airs.
Du torrent dispersé partent de longs éclairs ;
Le soleil, se jouant sur cette écharpe humide,
Embrase de ses feux la poussière liquide ;
Ce n'est plus qu'un nuage, et son réseau charmant,
Tel qu'un zéphir tissu plane légèrement ;
Il s'abaisse, et bientôt se dissout en rosée,
Humectant la prairie au loin fertilisée.

Vous m'opposez en vain, habitans des cités,
Vos théâtres pompeux et leurs décors vantés ;
Du clinquant, de la gaze admirant l'imposture,
Lorsque vous y croyez retrouver la nature,
Vous la connaissez mal, vous la calomniez.
Venez voir le Staubbach, abordez les glaciers,
Grindelwald vous réserve un brillant phénomène ;

Comparez ces tableaux à ceux de votre scène,
Et puis demandez-vous si quelques oripeaux
Imitent le nuage ou la glace ou les eaux.

Tes glaciers, Grindelwald, c'est la mer écumante,
Soudainement gelée au fort de la tourmente,
Comme, aux bornes du monde on nous peint ces climats,
Où la vague s'élève et retombe en frimas.
J'ai cru toucher au pôle, à ces rudes contrées,
Où s'arrêtent les flots des mers hyperborées :
Sur cet amas confus de glaçons entassés
J'ai cru lire ces mots par l'Éternel tracés :
Tu n'iras pas plus loin !... Des phalanges guerrières
Des Alpes, cependant, ont franchi les barrières ;
Avec étonnement ces froides régions
D'Annibal, de César ont vu les légions ;
Le Français, à son tour, y vint mêler naguère
A la foudre du ciel les foudres de la guerre :
Aux élémens, alors, quand un chef indompté
Fièrement imposait sa forte volonté,
On vit l'aigle française avec l'aigle sauvage
Du domaine éthéré disputer le partage ;
Le trône nébuleux de l'hiver éternel
D'un nouveau Jupiter fut un moment l'autel ;
Irritée en secret d'admirer cette audace,
La nature en gémit dans son palais de glace ;

Mais sa vengeance est prompte, et de tant de soldats
Un tourbillon suffit pour effacer les pas.

Ainsi dans l'Oberland, quand d'une haute cime
S'écroule l'avalanche avec un bruit sublime,
Sous son énorme poids les monts sont agités ;
On voit fumer les pins, sous les glaçons heurtés ;
Le colosse bondit, tombe, et l'ame troublée
Ressent le contre-coup de la terre ébranlée.
Par degrés, cependant, le calme est rétabli ;
L'avalanche n'est plus qu'un tonnerre affaibli :
Dans l'air, qui vibre encor, le ramier, l'hirondelle,
Éperdus, vers leurs nids volent à tire-d'aile ;
L'écho, d'un ton plaintif, répète au fond des bois
Le hurlement des loups et le cri des chamois ;
Mais le pic sourcilleux, roi de la solitude,
Va bientôt revenir à sa morne attitude ;
Le bruit décroît, il meurt, le trouble est réparé,
Et l'ordre universel n'est pas même altéré.

Si du glacier toujours la crête est désolée,
A ses pieds naît la fleur, grace de la vallée ;
Elle s'y plaît, malgré l'inclémence des airs,
Et le printems sourit au milieu des hivers.
De muguet la bergère y pare sa houlette ;
La belle rose alpestre et l'humble violette

Y bravent la froidure; à leur doux incarnat
Un brillant papillon vient mêler son éclat;
Mais soudain de la glace il a senti l'atteinte:
Il accourait joyeux, il s'enfuit avec crainte.
Ainsi, l'adolescent, conduit par le désir,
Auprès de la beauté suit l'instinct du plaisir;
Un souris l'encourage; en l'ardeur qui le presse,
Le jeune amant déjà dérobe une caresse...
Tout-à-coup un vieillard apparaît, son aspect
Dissipe les amours que glace le respect.

A deux, la solitude est un charme suprême;
Admirer la nature auprès de ce qu'on aime,
C'est l'avant-goût du ciel. Sevré d'un tel plaisir,
Dans le reste des biens on n'a plus à choisir
Que les vagues douceurs de la mélancolie.
Vallons, rochers, forêts, avec vous je m'oublie;
Vous ne m'inspirez pas ce triste sentiment
Que d'autres ont subi dans leur isolement.
J'aime un site riant, et je l'aime sauvage,
Grandiose, il m'instruit, je comprends son langage.
Dans les soupirs de l'air, dans la voix des torrens,
Dans l'écho qui murmure, et dans les sons errans
Sous les voûtes des pins ou des chênes antiques,
J'ai cru saisir parfois des accens prophétiques.
Ici rien ne se tait : la terre élève au ciel

De la création le concert solennel ;
Le jour parle, et la nuit, religieux silence,
Pour qui sait l'écouter possède une éloquence.
Au centre de ces monts élancés vers les cieux
L'auguste Providence étale sous nos yeux
De son livre sublime une admirable page;
Mais l'œil mortel se perd en un si vaste ouvrage.
Livre, où du Créateur sont écrits les desseins,
Que sont, auprès de toi, tous nos systèmes vains?
Du maître tout puissant je reconnais l'empreinte ;
Mon néant confondu s'humilie avec crainte.
Non, tu n'es plus caché, monarque universel,
Et c'est sur les hauts lieux qu'est placé ton autel :
Là, parmi tant de fleurs, j'ai cueilli ce dictame
Qui soulage le doute, affreux tourment de l'ame :
O nature pour prix de tes bienfaits touchans,
Mon luth qui t'est fidèle aura de nouveaux chants.

III

Le lac de Bienne et l'île de Saint-Pierre. — Le lac de Genève. — Clarens. — Le Mont-Blanc.

O Kænt'ich, übckant und still, fern vom gestimmel
Der stadt, wo dem redlichen unausweichliche fall
Strike gewebt sind, wo sitten und verhœltnisse tausend
Thorheiten adeln, kænt'ich in einsamer gegend mein
Leben ruhig wandeln, im kleinen land-haus beym
Lændlichen garten, unbeneidet und unbemerckt!

SAL. GESSNER, Die wunsch.

Que ne puis-je, inconnu, vivre loin des cités,
Où les cœurs purs sont des victimes,
Où l'usage rend légitimes
Tant de folles iniquités !
Que ne puis-je, passant le reste de ma vie
Sous un rustique toit entouré d'un verger,
Dans ce modeste asile échapper au danger
D'attirer les regards et d'exciter l'envie !

Je plains l'homme blasé qui dans la solitude
De ses projets déçus nourrit l'inquiétude ;
Si d'un remords surtout il y traîne le faix,
Dans un séjour paisible il cherche en vain la paix ;
Point de trève pour lui, pour lui point d'espérance,
Aucun lieu dont le charme allége sa souffrance.

L'infortuné n'a plus le pouvoir de sentir
Que par l'affliction et par le repentir ;
Mais le sage, écartant tout désir téméraire,
Dans la bonne fortune et dans le sort contraire
A pris l'honneur pour loi, la raison pour appui ;
Aussi, que le malheur vienne à fondre sur lui,
Intrépide et serein, il affronte l'orage ;
La solitude encore affermit son courage ;
Sa vertu le rend fort contre l'adversité,
Il s'y complaît ; il voit, par les vents agité,
Le chêne s'incliner et relever sa tête,
A l'exemple du chêne il brave la tempête.

Merveilles des glaciers, religieux déserts,
Monts, terrestres autels du Dieu de l'Univers,
Vous m'avez affranchi de mon incertitude ;
Croire est l'un des bienfaits dus à la solitude :
Qui pourrait la souffrir avec l'impiété ?
Quel homme en rapporta son incrédulité ?
La peine s'y transforme en une rêverie
Amère quelquefois, et cependant chérie,
Volupté gémissante où se complaît le cœur :
C'est la mélancolie : à sa tendre langueur,
Loin des bruits importuns il faut un sûr asile,
Et nul ne lui sied mieux que la Suisse tranquille,
Dont les mornes rochers, dont les âpres forêts
Lui paraissent un deuil conforme à ses regrets.

Alpes de Grindelwald, c'en est fait, je vous quitte;
Mais j'accuse le char qui m'entraîne si vite
Vers le lac, vers la rive où l'Aare en son cours
S'apprête à m'emporter loin de vous pour toujours.
Que de fois mon regard se retourne en arrière!
Vainement, Berne, ouvrant sa porte hospitalière,
M'offre la bien-venue en ses libres foyers,
Pour qui vit l'Oberland, pour qui vient des glaciers,
Cités, palais, remparts, monuméns qu'on renomme,
Travaux dont s'applaudit la vanité de l'homme,
Perdent l'étonnement qu'ils voulaient inspirer.
Homme, je dois encor, je sais les admirer;
De nos arts, toutefois, si j'aime les prestiges,
A Dieu seul appartient le pouvoir des prodiges;
Dieu seul est grand! C'est lui, c'est son nom glorieux
Que je cherche avant tout, que j'adore en des lieux
Où sa force est écrite, et sa bonté visible,
Soit au milieu des monts, soit près du lac paisible,
En des tableaux empreints de fière majesté,
En d'autres pleins de charme, où s'est manifesté
L'arbitre souverain, le suprême génie,
Douceur incomparable et grandeur infinie.

J'ai laissé les déserts pour des sites plus doux :
Campagnes de Soleure et de Nydau, vers vous
Je me sens attiré; toi surtout, lac de Bienne,

Ton aspect me séduit; quelle onde vaut la tienne?
Quel limpide bassin montre à l'œil satisfait
Plus gracieux ovale et contour plus parfait ?
Par un mortel fameux autrefois célébrée,
Tu devins à sa gloire une onde consacrée ;
Son grand nom et le tien à jamais sont unis.
Bercé nonchalamment sur les flots aplanis,
J'y voudrais naviguer jusqu'à cette heure sombre
Où les flancs du Jura s'effaceront dans l'ombre.
O mon lac préféré, beau reflet d'un ciel pur !
Le calme est sur tes bords comme dans ton azur.
Avec sa voile blanche, à l'horizon à peine
Je découvre et je suis la pirogue lointaine,
Je la vois, je la perds ; on dirait un oiseau
De son aile effleurant la surface de l'eau.
Mais là-bas, quel est donc cette verte corbeille,
Ce bouquet surnageant ! Du lac c'est la merveille,
C'est l'île de Saint-Pierre, oui c'est elle ; en avant !
Partons ; mon batelier, n'hésitons pas ; le vent
Descend de la montagne, il nous sert, il nous guide.
Traçant un long sillon sur la plaine liquide,
Le frêle esquif s'incline, il fuit légérement,
Et bientôt j'ai touché le rivage charmant.
Quel fortuné séjour ! Le chêne vénérable,
Patriarche des bois, s'unit au vieil érable :
Je crois, en avançant sous leurs dômes épais,

Pénétrer dans un temple, image de la paix.
Est-ce un couple d'amans, ou bien est-ce un poète,
Qui, ravis de ce lieu, l'ont choisi pour retraite ?
Nul ne m'a répondu. S'il est vrai qu'autrefois
Des chênes d'un oracle empruntèrent la voix,
Ceux que j'admire ici n'ont-ils pas un langage ?
Autour de moi j'entends bruire le feuillage ;
Sans doute il dut répondre, en ses frémissements,
Aux éloquens soupirs, aux attendrissements
De Jean-Jacques proscrit. Ces arbres séculaires,
Malgré l'âge ont gardé leurs rameaux tutélaires,
Mais l'oracle a cessé ; moi seul je me souviens,
J'écoute, et je n'entends de soupirs que les miens.

A l'étude fidèle, à la raison docile,
Volontaire exilé, loin du monde, en cette île,
Heureux qui pourrait vivre, oubliant, oublié,
Avec Dieu, la vertu, l'amour et l'amitié !
De son tranquille abri, tour-à-tour, ce vrai sage
Verrait les flots du lac soulevés par l'orage,
Ou mollement émus par un souffle amoureux :
Le bonheur serait là.... Mais quel homme est heureux ?
Hélas ! presque toujours la vie est un mensonge,
L'espoir nous apparaît et nous fuit comme un songe ;
Rien ne dure ; et pourtant nous nous plaignons à tort ;
Quelque bien s'entremêle à notre mauvais sort ;

Savoir se contenter c'est la sagesse humaine.

Les choses d'ici-bas ont leur fin trop certaine :
La hache tôt ou tard dévastera ces lieux ;
Tout meurt ; vous périrez, bosquets délicieux ;
Beaux arbres couronnés d'une verte vieillesse,
Vous n'échapperez pas au destin qui vous presse,
Vous tomberez ; le nom, les écrits de Rousseau
Seront maîtres du tems et vainqueurs du tombeau ;
Sa mémoire vivra jusqu'au dernier des âges.
Des grandes actions et des nobles ouvrages
L'homme transmet à l'homme un constant souvenir ;
C'est la gloire, ici-bas notre seul avenir.

Chênes majestueux, bocage, aimable asile,
Vous avez abrité jadis l'auteur d'*Émile* ;
C'est là que, se livrant à l'espoir mensonger,
Il goûta les douceurs d'un repos passager ;
C'est là qu'il méditait ; dans cette solitude,
Il plaignit les humains et leur ingratitude.
Parlez-moi de Rousseau, de ce peintre du cœur,
De ce génie à part, qu'inspirait la douleur,
Aux affligés propice, aux méchans inflexible.
Et malheureux toujours, parce qu'il fut sensible.
De chagrins et de maux sans trève consumé,
Il n'aima point le monde, il n'en fut point aimé ;

Au milieu de la foule il vécut solitaire ;
Illustre infortuné, de qui la voix austère,
Du fond d'un réduit pauvre interrogeant les rois,
Vengeait les nations et réclamait leurs droits,
Combattait les abus, confondait l'imposture,
Osait rappeler l'homme aux lois de la nature,
La femme aux saints devoirs de la maternité.
O Rousseau ! te fiant à la postérité,
Acceptant son arrêt, tôt ou tard équitable,
Dans tes *Confessions*, récit inimitable,
Tu mis ton cœur à nu, sans voiler ses travers,
Et, moins pur, tu serais absous par tes revers.
On t'accuse, on te plaint, on t'admire, on te blâme :
Cher à l'abandonné, tu consoles son ame
Des peines de l'amour, des torts de l'amitié.
Objet digne à la fois de respect, de pitié,
Le malheur te grandit, tu lui dus ta puissance,
Et de la passion ton style fut l'essence.
Ton ame usa ton corps ; tu vécus pour gémir ;
Ton sort fut un long deuil, et ta vie un soupir,
Soupir mélodieux, douloureuse harmonie,
Doux et triste concert, complainte du génie.

De l'homme juste et vrai c'est le destin fatal :
Ami du bien, il voit le triomphe du mal,
Et devant ce spectacle il a peine à se taire.

S'il doit, pour réussir, plier son caractère,
Si, pour avoir de l'or, il se doit abaisser,
Des dons de la fortune il saura se passer.
En ce monde, à défaut d'équité, de sagesse,
Sur le ton de l'emphase on en parle sans cesse,
Chacun se fait honneur d'aimer la probité ;
Mais personne n'en veut avec l'adversité.
Rousseau qui s'honora d'accepter ce partage,
Savait que l'infortune est l'école du sage ;
Il connut le péril ; sans en-être abattu,
Il brigua les revers qui suivent la vertu.
Inestimable bien, vertu, santé de l'ame,
Épure ma pensée à ta céleste flamme :
Par toi, de ses erreurs le mortel délivré
Marche vers l'avenir d'un pas plus assuré.
Content d'un sort modeste, aisément je t'oublie,
Avide ambition, sérieuse folie ;
Le vrai bonheur consiste à régler ses désirs.
Voluptueux abus, que l'on nomme plaisirs,
Honneurs tant recherchés, vaniteuse opulence,
Vous n'êtes que du bruit et j'aime le silence.

O mes printems ravis aussitôt qu'obtenus !
Jours de mon âge d'or, qu'êtes-vous devenus ?
Que n'ai-je encore, au prix d'une triste science,
Un peu d'illusion, un peu d'insouciance !

En ce temps fortuné, l'air me semblait si pur !
Les nuages volaient dans un si bel azur !
J'allais sans trouble aucun savourant ma jeunesse,
Et d'un doux avenir accueillant la promesse.
A moins de frais alors on avait le bonheur ;
On obéissait mieux à la voix de l'honneur ;
L'amour était constant et l'amitié sincère ;
Je le croyais ; trop tôt la vérité sévère
Vint détromper mon cœur et dessiller mes yeux.

L'homme, il faut bien le dire, en tous tems, en tous lieux,
De ses mauvais penchans fut l'esclave docile,
Et toujours son étude est pénible ou stérile.
La terre, en sa rudesse, et même en ses horreurs,
Est moins à redouter que l'homme en ses fureurs.
Aux rives du Léman sa beauté noble enchante ;
C'est la dignité jointe à la grace touchante.
De Saint-Preux, de Julie adorable séjour,
Clarens, toi qui vis naître un éloquent amour,
Dans ton air attiédi j'aspire avec ivresse
Comme un subtil parfum de bonheur, de tendresse ;
Qui pénètre mes sens, et qui vient me saisir
D'un transport inconnu plus doux que le plaisir.
Tout ici de l'amour proclame la puissance :
Le lac, les monts, les bois, et leur magnificence,
Et le bruit du feuillage, et le chant de l'oiseau,

Et les sons confondus de la brise et de l'eau,
Tout parle, tout me dit dans un tendre murmure :
Ne cherches le bonheur qu'au sein de la nature.

Mais hélas ! la ferveur de mon enchantement
Est pareille à l'éclair éteint soudainement,
Et la réalité, déception cruelle,
Sans pitié me ravit ma chimère nouvelle.
C'en est fait, vainement sur ce rivage heureux
Je demande Julie et j'appelle Saint-Preux ;
Le bosquet de Clarens est privé d'harmonie ;
L'écho ne répond plus à la voix du génie ;
Jadis il empruntait son admirable accent,
L'écho reste muet, le génie est absent.
Ce qui m'a tant charmé fut donc imaginaire ?
La sensible Julie et la riante Claire,
Et Saint-Preux et Bomston, ces amis, ces amans,
De notre humanité modèles si charmans,
Ne furent donc jamais que d'aimables mensonges,
Comme ceux qui parfois nous flattent dans nos songes ?
Chères illusions, venez, venez encor,
Le poète a besoin de croire à l'âge d'or.
Lac Léman, je confie à ta rive isolée
Les sentiments confus de mon âme troublée ;
Crédule à l'espérance, à l'amour, au bonheur,
En sentant qu'on s'abuse, on aime son erreur.

Clarens, Vevay, Chillon, roches de Meillerie,
Votre vue entretient ma tendre rêverie,
Laissez-moi sommeiller, le réveil est amer.

Le Léman me sourit; cette petite mer,
Par la brise du soir doucement agitée,
A l'éclat vacillant d'une moire argentée.
On conte que jadis, malgré l'ordre des cieux,
L'Océan révolté vint occuper ces lieux;
L'amour l'y captiva, Genève sut lui plaire;
Mais, forcé de quitter cette rive si chère,
Et vers son ancien lit retournant à regret,
A Genève, en partant, il laissa son portrait :
Cette fable est riante, elle est ingénieuse.

Pensif, assis au bord de l'eau mélodieuse,
Quand arrive le soir, avec quelle douceur
Je savoure l'oubli, le calme et la fraîcheur !
Que ce beau lac me plaît ! que son onde est limpide !
Spectacle saisissant ! vers son cristal liquide
Les monts et les forêts s'inclinent pour s'y voir;
L'astre des nuits s'admire au mobile miroir;
Les étoiles, du ciel sublime poésie,
Semblent y contempler leur lumière adoucie.
Aux confins du Valais, dans un lointain obscur,
Une clarté douteuse expire dans l'azur;

Là règne le Mont-Blanc, dominateur suprême ;
Des glaçons hérissés forment son diadème ;
Son trône est de granit ; un sceptre menaçant,
L'avalanche, est aux mains de ce maître puissant,
Roi des monts, qui vêtu de frimas, de nuages,
Tient sous ce froid manteau le vent et les orages.

O nuit ! l'homme pervers, par le crime agité,
Redoute ton silence et ton obcurité ;
Le remords l'y poursuit ; au milieu des ténèbres
Il marche environné de visions funèbres ;
L'ombre n'a plus pour lui ni repos ni fraîcheur ;
Mais de l'être innocent tu délasses le cœur,
O bienfaisante nuit, sommeil de la nature !
Il aime à retrouver ta solitude obscure ;
Car le jour, trop souvent, ne découvre à ses yeux
Que la sotte folie ou le vice odieux :
Le malheur doucement repose en ton silence,
O nuit ! et du soleil regrette moins l'absence.

Mais dans les airs s'élève un cantique d'amour ;
Les oiseaux réveillés ont salué le jour :
Reprends, ô pélerin ! ta route solitaire ;
Voyageur délaissé, tu trouves sur la terre
Des hôtes chaque soir, des amis rarement ;
Personne à l'inconnu n'accorde un sentiment.

Allons, il faut partir; cette rive t'est chère;
Mais pour toi, passager, c'est la rive étrangère.
Au cœur du pélerin ces mots vont retentir;
Il se lève en disant : allons! il faut partir.

IV

Lausanne. — Coppet. — Genève. — Ferney.

> La nature s'y présente sous l'aspect le plus brillant :
> elle y étale une infinité de productions différentes; un lac
> rempli d'une eau claire et azurée; un beau fleuve qui en sort;
> des collines charmantes qui le bordent, et qui forment le
> premier degré d'un amphithéâtre de montagnes, couron-
> nées par les cimes majestueuses des Alpes ; le Mont-Blanc
> qui les domine toutes, revêtu d'un manteau de glaces.
>
> SAUSSURE. *Voyages dans les Alpes.* Introduction.

Des poètes l'ont dit, la vie est un voyage :

De nos rapides jours c'est la fidèle image.

L'Espérance, au départ, nous prenant par la main,

Nous sourit et de fleurs sème nôtre chemin;

Fleurs d'un trompeur éclat et sourire perfide!

Nous sommes égarés par la main qui nous guide,

Et le chemin d'abord si facile et si beau,

N'est plus qu'un labyrinthe, un dédale nouveau.

Devant nous, cependant s'ouvre une hôtellerie;

Le maître de ce lieu c'est l'amour; il nous prie

D'y venir savourer un bonheur, une paix,
Qu'il fait payer bien cher sans les donner jamais.
La Fortune, à son tour, au gré de ses caprices,
En des sentiers glissans, bordés de précipices,
Nous emporte enivrés ; la pâle Ambition,
Les Désirs indiscrets et la Séduction,
Forment, avec l'Erreur, son aveugle cortége,
Et, non moins aveuglés, entraînés dans le piége,
De périls en périls, de faux pas en faux pas,
Nous tendons vers un but où l'on ne parvient pas.
Heureux si par momens l'Amitié nous relève !
Plus doucement alors le voyage s'achève.
On partit du néant, on arrive à la mort.
Que sait-on de la tombe ? Elle est peut-être un port,
Peut-être, fatigué de ses jours de misère,
Le voyageur s'endort entre les mains d'un père !

La Suisse montagneuse, où je marche en rêvant,
Découragé parfois, charmé le plus souvent,
Ressemble en ses détours au chemin de la vie,
J'y cours plus d'un danger ; mais la cupide envie,
Les tristes passions n'y troublent point mon cœur.
Satisfait, même seul, que n'ai-je la douceur
D'associer une âme aux plaisirs que je goûte !
Que n'ai-je l'amitié pour compagne de route ?

Le beau Léman que j'aime est là devant mes yeux,
Et je suis pas à pas son contour gracieux :
Voici Lavaux, voici la côte renommée,
Où mûrit le trésor d'une vigne embaumée.
L'automne acquitte enfin les travaux de l'été;
Une troupe champêtre assiége avec gaîté
Ces coteaux où se plaît le dieu de la vendange.
Du Bacchus helvétique entonnant la louange,
Le villageois avide a cueilli le raisin;
Son œil brille déjà de l'ivresse du vin;
Fraîches comme la grappe et comme elle vermeilles,
Les filles tour à tour emplissent leurs corbeilles,
Écoutent en riant les propos des garçons,
Comme un joyeux écho répètent leurs chansons.

Ce tableau pastoral, ces chants de la jeunesse,
De mon front soucieux ont banni la tristesse,
Et des gais vendangeurs les bachiques ébats
Aux portes de Lausanne accompagnent mes pas.
Lausanne au doux climat, au nom plus doux encore,
Imite, avec son lac, Bysance et le Bosphore;
D'un imposant tableau c'est le croquis léger.
Cher à ses habitans, aimé de l'étranger,
Séjour d'hôtes fameux, cet heureux coin de terre
Se souvient de Gibbon, de Kemble, de Voltaire,

De Haller, de Tissot : Gibbon y retraçait
Les fastes des Romains; Tissot y guérissait,
Hippocrate nouveau, l'humanité souffrante ;
La plume de Haller, poétique et savante,
Y peignait les glaciers, tandis que sa raison
D'un art conjectural étendait l'horizon;
Kemble, s'y délassant des gloires de la scène,
Pour la muse rustique oubliait Melpomène ;
Voltaire, enfin, Voltaire y gardait pour appui
Son renom qu'on ne put éloigner avec lui;
L'homme était exilé, mais non pas son génie.

Des factions, plus tard, fuyant la tyrannie,
La noblesse française, en de funèbres jours,
Sur ce rivage admise, y trouvait un recours.
En ton nom, Liberté, que d'erreurs et de crimes !
Tu ne demandes point des bourreaux, des victimes,
Ta force est l'équité, ta puissance le droit.
Dans les troubles civils, observés de sang-froid,
La cause du malheur devient celle du sage ;
Le triomphe, à ses yeux, n'est qu'un triste avantage;
Il regarde en pitié tant d'efforts superflus,
Et son cœur le conduit du côté des vaincus.
Ah ! loin de ces discords, dans une paix profonde,
Ne pourrais-je, fixant ma course vagabonde,

Habiter un hameau près du lac azuré,
En un réduit modeste, aux Muses consacré,
Et libre, n'obéir qu'à des lois protectrices !

Vers ces lieux dont Voltaire a chanté les délices,
Un ministre déchu s'abrita dans un port
Où ne l'atteignaient plus les caprices du sort.
Honteuse des excès du passé, quand la France
D'une ère de justice acceptait l'espérance,
Elle prévoyait peu qu'elle aurait à rougir
De tant d'autres excès qu'on vit bientôt surgir :
Elle formait un vœu, qui d'abord magnanime,
Ardemment excité, devint illégitime.
Que des abus du trône un peuple soit lassé,
Le but qu'il se propose est toujours dépassé ;
Il voulait réformer, il ne sait que détruire ;
Par une aveugle haine il se laisse conduire ;
Des révolutions il donne le signal,
Et ce triste remède est pire que le mal.
Necker osa penser que sa main ferme et libre
Des lois et du pouvoir maintiendrait l'équilibre :
Le peuple se flattait de retrouver en lui
D'un L'Hôpital nouveau le vertueux appui ;
Mais l'homme qui poursuit la faveur populaire
Aux courtisans jaloux doit s'attendre à déplaire ;
Necker en fit l'épreuve : estimé de son roi,

D'un prince qui voulait le bien de bonne foi,
Comment n'eût-il pas eu la cour pour ennemie,
En prêchant l'équité, l'ordre et l'économie?
Il devait succomber : l'exil devint le prix
D'un labeur inutile et d'efforts incompris :
Coppet fut son refuge, où désormais sa vie
Eut pour soutiens Corinne et la philosophie.

Les gazons de Coppet, par Corinne foulés,
N'ont plus de fleurs pour elle, et les bois, dépeuplés,
Restent silencieux; sous leurs ombres paisibles,
Des tombeaux seulement parlent aux cœurs sensibles :
La fille auprès du père! O pieux monumens,
Dont un soin filial posa les fondemens,
Vous êtes consacrés par un double génie!
Où Corinne vivait d'une si noble vie,
De ses jours glorieux a pâli le flambeau;
Sa dernière demeure est près de son berceau.
Beaux arbres de Coppet, sous vos épais ombrages,
Recevez le tribut des amans et des sages;
Vous n'avez pas suivi vos possesseurs d'un jour,
Vous renaissez; pour l'homme il n'est point de retour.

Du Rhône et du Léman modeste souveraine,
Des arts laborieux pacifique domaine,
Tu m'apparais, Genève, et j'admire à la fois

Ton active opulence, et tes mœurs et tes lois.
Dans tes murs, où s'agite une heureuse industrie,
Il est des citoyens, il est une patrie.
Poursuis, et du travail propage les bienfaits;
Dans ton culte, assuré du calme désormais,
Sois juste, et que surtout à l'église le temple
D'un zèle intolérant ne donne plus l'exemple.

Émule de Luther, l'ambitieux Calvin,
Portant un œil hardi sur le Livre divin,
Osant l'interpréter, dans Genève surprise
Jadis de la réforme acheva l'entreprise.
Si Luther fut altier, s'il fut impétueux,
Calvin, non moins ardent, non moins présomptueux,
Ajouta son audace à l'audace première.
L'orgueil veut s'approcher de la sainte lumière,
C'est un terrestre feu qu'il allume parfois,
Et puis le fanatisme, absurde au nom des lois,
Croit, en brûlant les corps, purifier les ames.
Genève eut ce spectacle, et du milieu des flammes
La victime appelait au dernier jugement,
L'homme qui du bûcher se fit un argument.
Calvin perdant Servet qu'il n'avait pu confondre,
Était vaincu par lui; *brûler n'est pas répondre.*
L'intolérance dit : Je crois, donc j'ai raison
D'employer la contrainte, et tout moyen est bon,

Qui sauve, en dépit d'eux, l'impie et le rebelle...
Non, non, Dieu ne veut pas de cette foi cruelle :
Un rebelle intéresse en son adversité,
Il paraît innocent, s'il est persécuté.

A d'illustres enfans, son honneur, sa puissance,
Genève, heureuse mère, a donné la naissance :
Où les doctes mortels furent-ils plus nombreux ?
Que d'utiles travaux, que d'efforts généreux !
De la noble cité Spon écrivit l'histoire ;
Mallet de l'Helvétie enregistra la gloire ;
Lefort la propageait, quand ce républicain
Alla civiliser un empire lointain ;
Bonnet d'un œil perçant contemplait la nature ;
Conquérant du Mont-Blanc, l'intrépide Saussure
Du globe interrogé connut plus d'un secret ;
Pictet, Prévost, Deluc, et Jurine et Ducrest,
Calculaient à leur tour ses divers phénomènes ;
Cherchant la vérité dans de plus hauts domaines,
Abauzit soumettait la science au devoir,
Et pour lui la vertu fut le premier savoir.

La cité du Léman, cette moderne Athènes,
A vu naître en ses murs un nouvel Antisthènes,
Elle enfanta Rousseau ; mais ce fut le seul bien
Qu'à son pays natal dut ce grand citoyen ;

Il en fut séparé durant sa vie entière,
Sans même le revoir à son heure dernière.
Destin capricieux! triste comparaison!
Le voyageur, non loin de la simple maison
Où Rousseau débuta dans sa vie orageuse,
Contemple de Ferney la demeure pompeuse.
Le penseur libre et fier, le poète jaloux,
Autrefois divisés, sont réunis par nous;
De leur siècle tous deux ils furent les apôtres;
Nous plaçons leurs écrits les uns auprès des autres;
Du portrait de Rousseau Voltaire est le pendant;
La différence entre eux fut grande cependant;
Existence brillante et vie infortunée,
Talent, esprit et cœur, tendance et destinée,
Tout en eux différa; mais l'immortalité
Efface pour toujours cette inégalité.

A Ferney, but final de mon pélerinage,
D'un passant inconnu j'apporte l'humble hommage:
C'est de là que prenaient leur poétique essor
Tant de beaux vers tracés par une plume d'or,
Tous ces livres aimés qui parcouraient le monde,
Ces drames, jets brillants d'une verve féconde,
Ces lettres, ces écrits faits pour l'intimité,
Qui sont tous parvenus à la postérité.
Là Voltaire était roi par l'esprit et l'audace;

Il avait du Jura fait un second Parnasse,
Poète sans rival, et vieillard sans déclin,
Balançant à Ferney le héros de Berlin.
Plus exempte de soins est une vie obscure.
O maison d'Aristippe! O jardins d'Épicure!
Vous n'avez pu sans doute à votre possesseur
D'un bonheur sans mélange assurer la douceur;
Au moins, s'il n'obtint pas ce bien-être en partage,
De la paix en ces lieux il embrassa l'image.
Elle t'avait souri sur les bords du Léman,
Voltaire, et tu chantas de ce calme Océan
L'imposante grandeur par la grace adoucie.
Moi-même j'ai vanté les lacs de l'Helvétie;
Ils sont beaux; mais le tien est le plus beau de tous.
Mon lac est le premier, disais-tu; c'est à nous
De dire à notre tour : ta muse est la première.
Quel génie a fourni plus immense carrière ?
Poète, historien, critique, fondateur,
Ton esprit est partout; mais, à Ferney, ton cœur
S'est immortalisé dans sa plus digne page,
Et le bien que tu fis est ton meilleur ouvrage.

Ma course est terminée : ô lacs, rochers, forêts,
Il ne me reste plus pour vous que des regrets.
L'équinoxe en grondant présage la tempête;
La bise, qui des pins vient ébranler le faîte,

M'annonce qu'il est temps de presser mon retour :
L'hiver va ressaisir son nébuleux séjour.
Montagnes où mon ame, un instant recueillie,
Goûtait la volupté de la mélancolie,
Déjà moins près de vous, je comprends que je perds
Ma calme indépendance en perdant vos déserts,
J'y laisse, je le sens, ma rêveuse incurie.
Bientôt je reverrai les champs de ma patrie,
La France, toujours grande après tant de hasards ;
Mais, dans mon pays même, au centre des beaux-arts,
Ami de la nature, à la Suisse fidèle,
Comme d'un songe heureux je me souviendrai d'elle :
Ainsi, lorsque des ans on remonte le cours,
On sourit au penser de ses jeunes amours.
Alpes, aux feux mourans dont le ciel se colore,
Des hauteurs du Jura mon œil vous suit encore :
Glaciers majestueux, poétiques sommets,
Il faut donc vous quitter, peut-être pour jamais !
Pélerin trop souvent égaré sur la terre,
Suivi d'une compagne, ou triste solitaire,
L'homme, bientôt lassé, marche vers le trépas,
Unique vérité dont il ne doute pas.
Alpes, vous avez eu le matin de ma vie,
Saison d'enchantemens, mais de peines suivie ;
De mon été plus tard vous eûtes les beaux jours,
Des jours de liberté, peu nombreux et bien courts ;

Mon automne est venu, précurseur de cet âge
Où la force décline, où fléchit le courage,
Où la terre n'attend de nous que des adieux.
Helvétiques vallons, réduits délicieux,
Avant mon triste hiver, avant que ma faiblesse
M'oblige à m'étayer du bâton de vieillesse,
Une dernière fois puissé-je vous revoir!
J'emporte des regrets, qu'il s'y mêle un espoir!

NOTES

DE LA PREMIÈRE PARTIE.

Peut-être ces notes sembleront-elles trop multipliées, et d'une étendue hors de proportion avec l'ouvrage auquel elles se rapportent. J'ose penser toutefois qu'elles sont généralement nécessaires, parfois même indispensables, pour compléter en prose ce qui ne se peut développer en poésie. Dans une œuvre du genre de celle-ci, elles sont le commentaire obligé du texte : les vers, c'est la peinture des impressions du poète, si poète il y a, et les notes, c'est en quelque façon, le carnet du voyageur.

---

(1) Page 1.

Alpes, dans le lointain,

Est-ce vous que je vois ? Mon regard incertain,

En vous cherchant au ciel, confond avec les nues

De vos monts de granit les sommités chenues.

Telle est, effectivement, l'illusion que produisent les Alpes vues de loin. Le voyageur qui les aperçoit ainsi pour la première fois, doute si ce sont des montagnes ou des nuages; leur seule immobilité le tire de son indécision. Quoi qu'il en soit, lorsque l'atmosphère est pure, et particulièrement au lever et au coucher du soleil, un œil exercé reconnaît assez facilement les Alpes de 20 — 25 lieues; par exemple, de Lyon, à la colline de Fourvières, de presque toutes les croupes des Vosges et de plusieurs points culminans de la Franche-Comté. On a prétendu que de la promenade du Peyrou, à Montpellier, on pouvait distinguer les Alpes et les Pyrénées; un séjour prolongé à Montpellier m'a rendu incrédule quant à cette dernière assertion.

(2) Page 3.

Entre la Germanie et la France, aux confins
Des deux vastes États, ses belliqueux voisins,
Bâle m'ouvre la Suisse.

La situation de Bâle, au point précis où se touchent la Suisse, la France et l'Allemagne, avantageuse sous le rapport du commerce, est en même tems très pittoresque. Assise sur le Rhin, qui la divise en deux parties inégales, la ville a pour horizon deux chaînes de montagnes, le Jura et les Vosges. La Pfalz, terrasse construite derrière la cathédrale, offre un aspect remarquable : ce rempart élevé est baigné par le Rhin, qui décrit une courbe magnifique, et large et rapide, coule majestueusement vers la France ; le spectateur contemple, à sa droite, les derniers échelons du Jura s'abaissant vers le Rhin ; à sa gauche, une portion de la fertile Alsace, encadrée dans les Vosges lointaines ; devant lui, sur l'autre rive du fleuve, de riches campagnes terminées par des monts boisés qui sont des ramifications de la Forêt-Noire. L'ensemble de ce tableau est saisissant, et si Bâle est, de ce côté, la porte de la Suisse, on peut dire que le voyageur conçoit, dès l'entrée, une heureuse idée du pays.

(3) Page 3.

Suspendu sur des rocs, c'est un castel gothique,
Ruine féodale.

Des débris de ce genre couronnent plusieurs des hauteurs du Jura qui avoisinent la ville de Bâle, et elles impriment à la contrée un caractère spécial. Landscron et Dornach sont d'anciennes forteresses tout-à-fait démantelées. La vue de Dornach réveille le souvenir d'une victoire gagnée par les Suisses, en 1499. Les castels moins importans de Falkenstein, de Schauenbourg, de Birseck, de Berenfels, d'Angenstein, de Pfeffingen, étaient jadis occupés par ces barons ou burgraves, burg-graffs, c'est-à-dire, comtes-propriétaires, dont le droit de suzeraineté ne fut guères qu'une longue oppression de leurs vassaux. Ces vieux manoirs sont absolument livrés au ravage des ans, à l'exception de celui d'Angenstein, qu'un caprice opulent a converti en une habitation actuelle, modernisée à l'intérieur, mais conservant au dehors son aspect gothique. Il est aisé de se figurer l'effet que doivent produire dans le paysage toutes ces ruines si avantageusement posées, ces murs croulans, envahis par la ronce et le lierre, et apparaissant comme les spectres de la féodalité à travers les rochers et les bois du Jura.

(4) Page 3.

Ailleurs, un pont rustique

Sur la Byrse fougueuse.

La Byrse prend sa source au pied de la roche dite Pierre-Pertuis; une inscription latine, conservée sur cette roche, constate que son percement fut opéré par les Romains, pour servir d'entrée aux pays des Rauraques, l'une de leurs colonies (voir ci-après la note 15). Le parcours de la Byrse, depuis Pierre-Pertuis jusqu'au Rhin, où elle se déverse, est d'environ seize lieues, à travers des vallées du Jura qui mériteraient d'être mieux connues qu'elles ne le sont, car la nature y a répandu à profusion tous les genres de beauté, les sites les plus sombres et les scènes champêtres les plus aimables. Il y a là de quoi inspirer un Byron et un Gessner. La Byrse, le principal ornement de ces vallées, les anime du bruit de ses chutes fréquentes, de son mouvement rapide et continu. Ses eaux sont d'une fraîcheur et d'une limpidité que ne surpasse aucun ruisseau de la Suisse.

(5) Page 3.

Et puis c'est le vallon

d'Arlesheim.

A côté du village d'Arlesheim, à deux lieues de Bâle, s'ouvre un petit vallon formé de collines boisées, et traversé d'un cours d'eau. Du flanc des collines se dressent des roches moussues dont les anfractuosités ont les formes les plus capricieuses. Là, c'est une large trouée simulant une porte rustique, ouverte d'un côté sur le chemin, et de l'autre sur les bois; ailleurs, ce sont des grottes revêtues de plantes saxatiles, et des galeries souterraines profondément étendues. Les ruines du castel de Byrseck surmontent le coteau le plus élevé. La nature avait prédisposé ce vallon à devenir un délicieux jardin paysager, pourvu qu'un art discret sût employer tant de ressources. Le goût qu'il fallait à cette œuvre, se rencontra chez le baron de Gleresse, qui, de concert avec madame Balbina d'Andlaw, dessina, en 1785, les jardins d'Arlesheim. Les eaux concentrées au fond de la vallée, y formèrent un lac; des sentiers furent adroitement pratiqués dans les bois; sur des quartiers de rocs en surplomb furent gravées des inscriptions en l'honneur d'Apollon et des poètes bucoliques; les antres et les souterrains reçurent d'ingénieuses destinations; çà et là s'élevèrent des édifices champêtres, et le castel, en partie restauré, offrit aux promeneurs un salon de repos avec une vue charmante sur l'ensemble des jardins. Tel était encore cet attrayant domaine, quand je le vis pour la première fois, et la critique n'avait à y reprendre qu'un peu de profusion dans le détail des arrangemens. Je l'ai revu en 1853, presque destitué de ses anciens ornemens, négligé par un nouveau posses-

seur, mais ayant conservé un charme qu'il n'a pu perdre, parce qu'il est
inhérent à la nature qui, elle, ne change pas.

(6) Page 4.

De Sainte-Marguerite, enfin, c'est le coteau.

Cette colline est pourvue d'un double intérêt; on y jouit d'une perspective
très étendue, et c'est en même tems un point historique digne d'être signalé.
Rodolphe de Hapsbourg y était campé, en 1273, occupé au siége de Bâle,
quand on vint lui annoncer son élection à l'empire.

(7) Page 4.

Ce n'est plus la cité

Qui jadis opposa dans un hardi Concile,

Aux lois de Vatican l'autorité civile.

Le Concile de Bâle, convoqué en 1431, dura dix-sept ans. Il succédait à
celui de Constance, et se proposait de poursuivre l'œuvre interrompue de la
réforme. Ces assemblées avaient pour but ostensible de remédier au relâchement survenu dans les mœurs du clergé, de corriger les abus, et d'opposer
une digue aux envahissemens du pouvoir temporel; réunions plus politiques
que religieuses, sorte d'États-généraux, qui eurent lieu tantôt avec l'assenti-
ment des papes, tantôt sans leur aveu. Ce consentement d'ailleurs n'était
jamais sans restriction, car le pontife, même le plus favorable aux institutions
réformatrices, s'efforçait d'en éluder les effets. « Comme la plupart des
» monarques malheureux, dit l'historien des Suisses, Muller, les papes ont
» moins à se plaindre des circonstances, qu'à se reprocher de ne pas les avoir
» connues. »
Eugène IV, prenant en haine les projets de réforme, que son prédécesseur
Martin V, avait paru seconder, ne négligea rien pour en suspendre l'exécution. Une rupture s'ensuivit. Eugène excommunia le Concile qui, à son tour,
déposa le pape, et lui donna pour successeur Amédée, duc de Savoie, cet
Amédée de qui Voltaire a dit :

Il voulut être pape, et cessa d'être sage.

Amédée, sacré à Bâle, sous le nom de Félix, ne jouit pas longtems de sa
dignité. Cet anti-pape, à la suite d'événemens qui amenèrent la dissolution
du Concile, fut contraint de céder la tiare à Nicolas V, et alla finir ses jours
dans sa retraite de Ripaille, près du lac de Genève.
Les magistrats bâlois avaient puissamment favorisé le Concile. Longtemps
auparavant les habitans de cette ville s'étaient déjà signalés par leur opposi-

tion aux volontés des papes. Entre plusieurs exemples, celui-ci est à citer pour sa singularité. Excommuniés en 1345, au sujet de leur traité d'alliance avec les cantons confédérés, les bourgeois de Bâle déclarèrent à leurs moines, fauteurs de l'excommunication,

> *Qu'ils n'avaient qu'à lire et chanter,*
> *Ou bien de la ville s'ôter.*

On montre, à Bâle, la salle où s'assemblait le Concile; elle paraît exiguë pour une réunion qui devait être nombreuse.

(8) page 4.

Saint-Jacques, tes guerriers, leur dévoûment, leur gloire,

Ont trop peu d'une page au livre de l'histoire.

Le combat de Saint-Jacques fut livré le 26 août 1444, à une demi-lieue de Bâle. Les confédérés suisses, au nombre de 1,500 hommes, y tinrent tête à la majeure partie d'une armée de 30,000 Armagnacs, sous le commandement du dauphin, qui fut depuis Louis XI. Le corps suisse avait été détaché des camps de Zurich et de Farnsbourg, avec ordre d'opérer sa jonction avec Bâle. Sur sa route, il repoussa successivement deux forts escadrons. Un tel succès le rendit téméraire. Au lieu de chercher à pénétrer dans Bâle par le Rhin, ce qui était conseillé par la prudence, enhardis, électrisés, les Suisses traversèrent impétueusement la petite rivière de la Byrse, qui les séparait seule de l'armée ennemie. Bientôt coupés et cernés au hameau de Saint-Jacques, ils n'eurent plus qu'à se rendre ou à périr, et ce dernier parti fut celui qu'ils adoptèrent sans hésiter : *nos ames à Dieu*, disaient ces héros en tombant, *et nos corps aux Armagnacs!* « Ils moururent, a dit un écrivain « contemporain (Æneas Sylvius Piccolomini), vaincus à force de vaincre. »

De ces 1,500 hommes, dix qui sauvèrent leur vie par la fuite, et trente-deux blessés qui guérirent, furent les seuls échappés au carnage. Le dauphin perdit 6,000 hommes ; il n'osa pénétrer dans le pays : « Si des centaines, » disait-il, nous ont fait nager dans notre sang, que ne feront pas des mil-» liers ? »

En 1823, bien tardivement, les Bâlois ont érigé, en l'honneur des Suisses morts à Saint-Jacques, un monument assez mesquin, imitant une flèche d'église gothique. Sur trois des faces de cet édifice sont figurés les écussons de neuf cantons qui avaient fourni des combattans ; sur le quatrième on lit cette inscription allemande :

DEN BEY S. JACOB
IM JAHR M. CCCC. XXXX. IIII.
GEFALLENEN SCHWEITZERN.
DIE BURGER VON BASEL,
M. CCC. XX. III.

« Aux Suisses morts auprès de Saint-Jacques, en l'année 1444. Les bour-
» geois de Bâle, 1823. »

Le coteau qui domine Saint-Jacques produit un vin rouge, connu dans le
pays sous le nom de *Sang-Suisse*. Les Bâlois se délectent de ce vin qui, tout
médiocre qu'il est, échauffe leur imagination, à l'aide des souvenirs d'un
tems glorieux.

(9) Page 5.

Penché sur leurs tombeaux,

J'en évoque les traits de ces hommes célèbres,

Dont j'ai tout près de moi les dépouilles funèbres.

Memorie alzando e ricordanze in marmo

Tu vai pascendo....

Men da te lungi à te pajon quell'alme

Di cui le spoglie ond'eran cinte hai presso.

Ippolito Pindemonte, i Sepolcri.

Indépendamment du tombeau d'Erasme, dont il sera question ci-après, la
cathédrale de Bâle en renferme une foule d'autres, consacrant la mémoire
de personnages plus ou moins notables. Les nefs de l'église, un caveau fort
antérieur à l'édifice actuel, qui date de l'an 1019, et un cloître gothique d'un
effet singulièrement pittoresque, sont remplis de ces monumens funéraires,
dont plusieurs sont très anciens. Parmi tant de noms tracés là sur la pierre
ou le marbre, j'ai remarqué celui de l'impératrice Anne, morte en 1281,
épouse de Rodolphe 1er de Hapsbourg, fondateur de la monarchie autrichienne;
ceux de deux personnages qui furent, l'un, le premier bourguemestre de
Bâle, et l'autre, le premier recteur de l'Université, fondée dans cette ville,
en 1460; celui d'Œcolampade (mort en 1531), théologien profond, propaga-
teur des doctrines de Zwingli; celui du savant Simon Grynœus (mort de la
peste en 1541), ami de Luther et de Mélanchton; celui de Jean-Louis
Bauhin (1755), érudit et d'une famille où la science fut héréditaire depuis le
XVIe siècle. Le grand géomètre Euler et le fameux peintre Holbein étaient
nés à Bâle; mais Euler mourut en Russie, et Holbein en Angleterre.

(10) Page 5.

Celui qui, dans un jour de verve et de saillie,

Fit l'éloge moqueur de l'humaine folie.

Érasme, né à Rotterdam en 1467, termina sa carrière à Bâle, où il s'était
retiré dès 1521. Sa mort eut lieu en 1536, le 4 juillet, et non le 12, ainsi
que l'ont avancé des biographes. La preuve de cette date résulte de l'inscrip-

tion latine tracée sur le tombeau du philosophe hollandais, dans la cathédrale de Bâle. La bibliothèque de cette ville conserve, comme de précieuses
reliques, le testament du même personnage, son portrait (dont il sera parlé
dans la note suivante), un recueil de ses lettres, son sceau, représentant le
dieu Terme, avec la devise *Nulli cedo*, deux anneaux qui lui ont appartenu,
un exemplaire de son *Éloge de la Folie*, enrichi d'annotations marginales
de sa main, et de dessins à la plume, attribués à Holbein.

Érasme fut le savant le plus universel et l'écrivain le plus spirituel de
son tems; il n'a pas peu contribué à la renaissance des lettres : il sut, l'un
des premiers, débarrasser les discussions théologiques des arguties et des
subtilités scolastiques trop usitées alors. Sa douceur naturelle influait sur ses
opinions, qui furent toujours exemptes d'emportement; aussi se plaisait-il à
répéter, qu'il n'aimait plus la vérité dès qu'elle se montrait séditieuse. Son
Éloge de la Folie est une satire fine et ingénieuse des divers états de la vie;
aucun d'eux n'y est ménagé, pas même le sacerdoce. L'auteur s'attache à
démontrer plaisamment qu'il n'est personne qui ne prenne une part quel-
conque à la folie générale qui, suivant lui, mène toutes les affaires d'ici-
bas.

Ce fut, dit-on, pendant son séjour à Londres, chez Thomas Morus, qui
lui avait donné un appartement dans sa maison, qu'Érasme composa en
huit jours ce livre singulier. Les *Colloques* (*Colloquia*) ne sont lus maintenant que par les amateurs de belle latinité. Ces deux ouvrages sont de
tous ceux d'Érasme les moins oubliés, et l'on ne regarde plus guères les
autres que comme de curieux documens.

(11) Page 6.

Il m'apparaît pensif, le regard incliné,

Tel que dans un chef-d'œuvre Holbein l'a dessiné.

La bibliothèque de Bâle possède le portrait d'Érasme, peint par Holbein.
Érasme y est représenté de profil, occupé à écrire. Rien de plus naturel que
sa pose, rien de mieux exprimé que l'attention qui semble le captiver. On
peut, d'ailleurs, s'en rendre compte au musée du Louvre, puisqu'on y possède un double de cet admirable portrait: Quel est l'original? Est-ce celui de
Bâle, ou celui de Paris? Il est présumable qu'ils sont tous deux originaux, en
ce sens que l'un serait la répétition de l'autre, tous deux de la main de
Holbein. Ils paraissent identiques, et portent à un égal degré ce cachet de
maîtrise sur lequel on ne se trompe guères.

J'ai vu à Amsterdam un troisième portrait d'Érasme, par Holbein; la tête
y est de trois-quarts; cette peinture est loin de valoir les deux autres.

(12) Page 6.

Le charme se poursuit, il m'aide à reconnaître

Ammerbach et Frobenprès d'Érasme leur maître.

Le savant professeur Boniface Ammerbach , et l'imprimeur Jérome Froben étaient disciples et amis intimes d'Érasme. Ammerbach fut son légataire universel, et Froben son exécuteur testamentaire, de concert avec Nicolas Bischoff, autre imprimeur bâlois non moins renommé en ce tems-là. Aux soins d'Ammerbach sont dus le marbre noir sous lequel repose l'auteur des *Colloques*, et l'inscription tumulaire qu'on y lit gravée en lettres dorées. Ces hommes, secondaires eu égard à leur illustre ami, jouirent cependant, durant leur vie, d'une juste réputation, et leur mémoire demeure presque inséparable de celle d'Érasme.

(13) Page 6.

Je vois les Bernoully, grands esprits, nobles cœurs,
Qui surent allier la science et les mœurs.

Les Bernoully, au nombre de huit, ont successivement cultivé avec beaucoup de distinction diverses branches des mathématiques. Une famille où, pendant une longue suite d'années, se conserve de père en fils un semblable mérite, accompagné de vertus traditionnelles, offre un exemple assez rare pour captiver l'attention.

(14) Page 6.

Le philosophe humain , vrai sage qu'on révère,

L'artiste qu'on chérit, l'écrivain qu'on préfère,

Un effort du désir les ramène ici-bas,

L'œil de l'ame les voit affranchis du trépas.

J'ai voulu essayer, dans ce passage, d'exprimer une idée, neuve peut-être en poésie, mais fort complexe, et que n'admettraient pas volontiers des esprits positifs, peu enclins à laisser le champ libre à l'imagination. Serais-je un visionnaire, sous l'empire d'une hallucination exceptionnelle, parce que je déclare avoir expérimenté en moi le phénomène physiologique signalé ici ? Je ne saurais le croire; il n'est presque personne, on m'accordera ce point, qui, en de certains momens d'émotion vive, ne s'imagine revoir des parens, des amis défunts, et ne se les figure distinctement, quoique d'une manière très fugitive, tels qu'ils étaient de leur vivant. Selon moi, cette sorte de mirage intellectuel peut aller plus loin. En ce qui me concerne, je le dirai, il s'étend jusqu'à me reproduire les traits d'hommes célèbres que je n'ai pu voir, et dont j'affectionne particulièrement les œuvres et le souvenir. J'en viens à me les représenter assez fidèlement, ce me semble, à l'aide de leurs portraits authentiques, et d'après leur signalement tracé dans des mémoires contemporains. Il est plusieurs de ces personnages, deux ou trois de mes auteurs favoris , par exemple, avec lesquels je me suis familiarisé à ce point, qu'ils m'apparaissent, pour ainsi dire, dès que je les évoque, et que j'ai alors l'illusion de leur présence. Dût cette impression paraître bizarre, extravagante même, je l'émets à mes risques et périls. Au moins ne me sera-t-elle point contestée par le peintre qui réussit à exécuter un portrait de mémoire, par celui qui compose et dessine ce qu'il n'a pas sous les yeux. N'agissent-ils pas en vertu de cette même force d'intuition? La science, d'ailleurs, s'est occupée sérieusement de cette question, et d'autres qui s'y rattachent, à propos des visions, des songes, des pressentimens, etc; elle a su faire la part de l'imagination qui s'exalte, et de la raison qui analyse. Là, comme en beaucoup de choses, il y a à prendre et à laisser.

(15) page 7.

La cité que la gloire autrefois visita,

Sépulcre maintenant, eut le nom d'*Augusta*.

A deux lieues de Bâle, sur la rive gauche du Rhin, est un village appelé *Augst* : c'est le nom germanisé de l'antique *Augusta Rauracorum*, cité jadis considérable, dont une humble bourgade occupe l'emplacement. La Rauracie comprenait les vallées du Jura, qui s'étendent depuis le Rhin jusqu'à Pierre-Pertuis et Porentrui, c'est-à-dire à peu près tout le territoire qui fut depuis l'évêché de Bâle. Auguste, qui avait compris l'importance de cette contrée, située entre la Germanie, l'Helvétie et les Gaules, y envoya une colonie romaine, sous le commandement du préteur Munatius Plancus. Ainsi fut fondée Augusta, qui devint la capitale du pays des Rauraques. Ces mots *Rauraques*, *Rauracie*, durs à l'oreille, désignent l'âpreté d'un sol montagneux ; *Rauh*, en langue celtique, signifiait âpre, sauvage. La ville d'Auguste n'eut guère que cinq cents ans d'existence; elle fut saccagée par les Huns au cinquième siècle, et Bâle, dès lors, n'ayant plus de rivalités voisines, prit beaucoup d'accroissement. Dans l'état où sont présentement les ruines d'Augusta, et faute de notions certaines, on ne peut que former des conjectures sur l'étendue que cette ville put avoir. Des antiquaires ont pensé que son enceinte devait être d'une lieue, et qu'elle possédait un théâtre où 12,000 spectateurs pouvaient prendre place. Il est du moins à peu près avéré qu'on y voyait encore, au XVIᵉ siècle, de vastes débris de monumens; ils sont maintenant presque effacés du sol, et dans ce qui reste, on a peine à reconnaître les traces d'une grande ville. Quoi qu'il en soit, les fouilles qu'on y a faites ont produit pour résultat des milliers de médailles romaines, beaucoup de figurines en bronze et en or, des fragmens de mosaïque et de vases, et des ustensiles divers. Ces antiquités ont été en partie dispersées; pourtant on en a recueilli une quantité notable, qui se conserve à la bibliothèque de Bâle.

(16) Page **7**.

Vers les plaines d'Alsace au loin coule étendu
Le Rhin, qui de l'Adule avec bruit descendu,
Limite les États du rempart de son onde.

Boileau a dit :

Au pied du mont Adule, entre mille roseaux ,
Le Rhin, etc.

On désigne sous le nom de *Montes Adulæ* la portion de la chaîne des Alpes centrales comprises entre le Saint-Gothard et le Bernhardin. Cette masse de hautes montagnes donne naissance à quatre fleuves ou rivières , le Rhin et le Rhône , la Reuss et le Tessin. Le Rhin y prend ses sources et forme d'abord trois rivières qui se réunissent à Reichenau , dans le pays des Grisons.

(17) Page 8.

Au Rhinwald, à Laufen, indomptable torrent,

Il roule....

Avant d'arriver au confluent de Reichenau, le Rhin , déjà grossi par beaucoup de torrens et de ruisseaux , forme au Rhinwald des cataractes, moins considérables sans doute que celle dite de Laufen à Schaffhouse, mais d'un effet plus pittoresque peut-être, à cause de leur encadrement au milieu de paysages d'un genre sauvage et terrible.

(18) Page 8.

Il court au sein des mers se perdre en frémissant.

Le Rhin, après un cours si long et si majestueux, après avoir arrosé et fertilisé tant de provinces, se perd sans dignité dans les sables de Catwick près de Harlem : il n'y arrive même pas avec son nom, puisque non loin de son embouchure, il reçoit celui de *Vahal*. Sa destinée ressemble à celui d'un grand empire : « Sous les derniers empereurs, a dit Montesquieu, l'empire » romain, réduit aux faubourgs de Constantinople, finit comme le Rhin, » qui n'est plus qu'un ruisseau lorsqu'il se perd dans l'Océan. » (*Grand. et décad. des Romains.* chap. **XXIII**.)

(19) Page 9.

Ses flots retentissans, formidables barrières,

Sont l'appui, le danger des cités forestières.

Rhinfelden, Seckingen, Lauffenbourg et Waldshutt, sont les quatre villes rhénanes comprises sous le nom de villes *forestières*, sans doute parce qu'elles sont peu éloignées de la forêt Noire, et qu'on y embarque une partie des bois coupés dans cette immense forêt. A Rhinfelden, et surtout à Lauffenbourg, le Rhin, précipitant tumultueusement ses flots sur une pente semée d'écueils, donne déjà au voyageur un avant-goût du grand spectacle qui l'attend à Schaffhouse.

(20) Page 9.

Schaffhouse m'apparaît....

Je n'ajouterai pas une description de la chute du Rhin à toutes celles qu'on a déjà essayées. Il me paraît plus à propos de rappeler au lecteur, à ce sujet, quelques lignes d'un auteur qui, presque toujours, sut rendre avec un grand bonheur de langage la réaction que la vue des grands spectacles de la nature exerce sur l'ame.

« Je restai, dit madame de Staël, dans son roman de *Delphine*, je restai à
» contempler la chute du Rhin : je regardais ces flots qui tombent depuis
» des milliers d'années sans interruption et sans repos. De tous les spectacles
» qui peuvent frapper l'imagination, il n'en est point qui réveillent dans
» l'ame autant de pensées. Il semble qu'on entende le bruit des générations
» qui se précipitent dans l'abîme éternel du tems. On croit voir l'image de la
» rapidité, de la continuité des siècles, dans les grands mouvemens de cette
» nature toujours agissante et toujours impassible, renouvelant tout, et ne
» préservant rien de la destruction. »

(21) Page 9.

Dante serait muet devant cet *enfer d'eaux*,

Là Vernet et Gudin jetteraient leurs pinceaux.

L'anglais Coxe raconte, dans ses *Lettres sur la Suisse*, qu'un jeune poète allemand, Lenz, étant descendu avec lui sur l'échafaudage construit à côté de la chute du Rhin, à la vue et au bruit énorme de la cataracte, ne put que s'écrier en tombant à genoux : *Voilà un enfer d'eaux!* J'ai cru pouvoir m'approprier cette expression hardie, mais poétique.

Il y a des scènes de la nature en présence desquelles le peintre, convaincu de son impuissance, est forcé de reconnaître que son art a des limites, soit parce qu'il est un certain ordre de grandeur et d'originalité qui ne peut se reproduire en de moindres proportions, et parce que le sublime est intraduisible, sait à cause du mouvement incessamment divers des objets, soit

enfin à cause des accidens et des jeux non moins variés, et, pour ainsi dire,
exceptionnels de la lumière. La cataracte de Schaffhouse paraît devoir être
comptée dans cet ordre à part des grandes scènes naturelles. Quoique mille
fois reproduite par la peinture, il n'en existe que de pâles et muettes copies.

(22) Page 10.

J'aime Zurich, surtout j'aime son lac paisible,

S'allongeant comme un fleuve au cours lent et flexible.

On rencontre en Suisse bien des sites qui semblent faits pour réaliser
l'utopie d'une vie heureuse possible sur la terre. Zurich est de ce nombre.
Une ville petite, propre et riante, un lac, longue plaine d'eau encadrée dans
les verdures diverses des champs, des vignes, des prairies, des bois, et terminée par un magnifique rideau des Alpes ; un air salubre, qui, avec l'habitude
de la sobriété et de l'ordre, entretient et prolonge la vie des hommes ; tels
sont les avantages que présente cette contrée privilégiée. Il y a, répandu au
milieu de tout cela, un calme, une harmonie générale qui, des objets exté-
rieurs, se réflètent sur l'ame et disposent aux plus doux sentimens. Les campagnes qui avoisinent Zurich font comprendre Gessner et ses rêves de l'âge
d'or. Que la vue d'un tel séjour est flatteuse, surtout pour le voyageur
récemment échappé aux agitations désordonnées de nos grandes capitales !

(23) Page 10.

Philosophe chrétien, le sage Lavater

Secourait des blessés, quand un indigne fer

Du vieillard bienfaisant brisa la destinée.

Après la bataille de Zurich, gagnée le 26 septembre 1799, par Masséna,
contre les Russes commandés par le général Korsakow, les Français entrè-
rent pour la seconde fois dans la ville qu'ils avaient déjà occupée victorieu-
sement l'année précédente. Au milieu du désordre de l'action, Lavater avait
quitté sa demeure pour porter charitablement des secours à ses concitoyens
blessés, lorsque, à la suite d'une courte altercation avec un soldat français,
il fut atteint d'un coup de feu par ce misérable, à qui même on a prétendu
qu'il venait de donner quelque argent. Cet événement à été diversement rapporté. M. Thiers (*Histoire de la Révolution française*, liv. XLIII) met
l'attentat sur le compte d'un soldat suisse, et l'on voudrait pouvoir accepter
cette version. Malgré l'imposante autorité de l'historien, il est malheureuse-
ment sûr qu'un Français fut coupable de ce meurtre. Je tiens le fait du docteur Ebel, auteur de l'excellent *Manuel du Voyageur en Suisse*, des
Tableaux des Peuples des montagnes, et d'un ouvrage (inédit) sur la structure de la terre. Nul n'a pu se flatter de connaître mieux qu'Ebel, la Suisse

et tout ce qui s'y rattache. Le savant professeur Schweighœuser m'avait dit, à Strasbourg : « Quand vous serez à Zurich, ne manquez pas d'y voir le docteur Ebel ; c'est la Suisse en personne. »

Pour revenir à Lavater, victime comme Archimède à Syracuse, lorsqu'il fut frappé, il témoigna le désir que l'auteur du crime ne fût pas recherché ; il soutint avec une résignation toute chrétienne, les longues et cruelles douleurs de sa blessure, et expira le 2 janvier 1801. Il était né le 15 décembre 1741. Cette dernière date est certaine, car je la lis écrite de la propre main de Lavater, au bas d'une épreuve de son portrait gravé, dont on m'a fait présent à Zurich : *Johann Kaspar Lavater, gebohren den 15 december 1741.*

Lavater, on le sait, a composé de nombreux écrits, particulièrement sur des sujets théologiques ; mais sa réputation à l'étranger ne repose plus guère que sur ses *Essais physiognomiques.* L'ingénieux système au développement duquel cet ouvrage est consacré, fit grand bruit lors de son apparition (1775-78) : étayé d'une multitude d'observations curieuses et de spécieux rapprochemens, il trouva beaucoup de partisans et plus d'un imitateur : il a été, en effet, ou étendu ou débordé par d'autres systèmes analogues, ainsi qu'il arrive d'ordinaire à tout ce qui se présente avec un caractère de nouveauté.

(24) Page 10.

Au pied du mont Albis voici l'aimable asile,

Où reste écrit le nom du chantre de l'Idylle,

De Gessner....

Salomon Gessner fut à la fois poète, peintre, graveur et imprimeur-libraire. Il existe une édition de ses œuvres, qui a le mérite singulier d'avoir été imprimée par lui, et ornée de fleurons et de vignettes sorties de ses mains. Sa réputation comme poète est honorablement fixée. S'il est moins souvent cité parmi les peintres et les graveurs, c'est que ses tableaux de paysages sont en grande partie restés en Suisse, et que ses estampes à l'eau-forte sont devenues rares. Un juste appréciateur de son double mérite de peintre-poète, disait spirituellement que : « Ses idylles étaient des paysages, et « ses paysages des idylles.»

A ses talens multiples Gessner joignait les plus pures vertus. Simple comme ses bergers, sa bonhomie et la franche aménité de son caractère le faisaient chérir de tout ce qui l'approchait. Pour lui, surtout, on peut dire que le style était l'homme.

Au bord de la petite rivière de la Sihl, et dans le bois nommé Sihlwald, qui s'étend sous le mont Albis, on voyait encore, il y a peu d'années, l'habitation champêtre qui fut possédée par le Théocrite helvétique. Là s'écoulèrent ses derniers jours dans le calme et l'innocence ; là aussi, en 1787, ce peintre de la nature, s'éteignit paisiblement comme il avait vécu. Il était né à Zurich, en 1730.

Sous les murs de Zurich, dans une situation charmante, au confluent de
a Linth et de la Limmath, les concitoyens de Gessner ont érigé à sa mémoire
un monument convenable, car il est simple comme l'auteur de *Daphnis* et
de la *Mort d'Abel.*

(25) Page 11.

Les voilà donc ces monts ! le voilà ce séjour

Où périt Winkelried, où Tell reçut le jour !

A la bataille de Sempach, livrée le 9 juillet 1386, au bord du lac de ce
nom, à trois lieues de Lucerne, les Suisses ne pouvaient entamer leurs ennemis, disposés en bataillon carré, dont les rangs étroitement serrés, lances
baissées, formaient une masse compacte. Les Suisses tombaient en foule sur
le passage de cette armée de fer, contre laquelle échouait leur courage. Soudain, Arnold Strouthan de Winkelried, chevalier d'Unterwald, s'écrie d'une
voix de tonnerre : « Je vais ouvrir un chemin à la liberté; fidèles et chers
» confédérés, je vous recommande ma femme et mes enfans ! » Il dit, s'élance,
rassemble sur sa poitrine autant de lances ennemies qu'il en peut embrasser,
et tombe percé d'outre en outre. Les Suisses se précipitent à travers l'issue
que le dévouement de Winkelried vient de leur ouvrir, et dispersent et détrui-
sent bientôt cette phalange qui paraissait inébranlable.

Guillaume Tell, le principal libérateur de la Suisse, était né à Burglen,
village du canton d'Uri, à une demi-lieue d'Altdorf. Sa vie est trop connue
pour qu'il soit nécessaire d'en rappeler ici les circonstances. Que les récits
que nous en avons soient vrais ou faux, ou bien un mélange d'historique et
de fabuleux (on a été jusqu'à mettre en doute l'existence de Guillaume Tell),
toujours est-il certain que le nom de ce personnage est inséparablement lié à
l'histoire de l'indépendance helvétique. On voit, sur la rive orientale du lac
des Quatre-Cantons, une chapelle élevée à l'endroit où, dit-on, Guillaume Tell
s'élança de la barque où il était retenu prisonnier. Ce lieu est connu sous le
nom de *Tellenssprung* (Saut de Tell). Une autre chapelle, dans le chemin
creux qui mène de Küsnacht au lac de Zug, occupe l'emplacement où le héros
suisse atteignit d'une flèche le bailli Hermann Gessler, l'oppresseur de sa
patrie.

(26) Page 11.

Fürst, Werner et Melthal, sur vos vertus antiques

S'est fondé le bonheur des tribus helvétiques.

Walter Fürst d'Attinghausen, Werner Stauffacher et Erni ou Arnold de
Melchtal, furent les trois principaux fondateurs de l'indépendance helvétique.
Walter Fürst était beau-père de Guillaume Tell. On a cru devoir adoucir,
autant que possible sans les dénaturer, ces noms, et quelques autres encore,
non moins glorieux, mais tout aussi rebelles à l'euphonie.

(27) Page 11.

Majestueux Ruttli !

Le *Ruttli* ou *Gruttli,* plaine au bord du lac, où les conjurés délibérèrent dans la nuit de la Saint-Martin (1307). Fürst, Stauffacher et Melchthal y conduisirent chacun dix hommes sûrs et ces trente-trois firent le fond de la conjuration par un serment solennel de verser leur sang pour l'indépendance commune. « Fürst, Stauffacher et Erni, levant les mains au ciel, prononcèrent, *au nom du Dieu, qui a fait naître de la même souche les paysans et les empereurs, et qui les a également dotés des inaliénables priviléges de tout être raisonnable, le serment de se prêter un secours réciproque pour la défense de leur liberté.* »

MULLER, *Histoire des Suisses,* trad. par Mallet, tom. III.

(28) Page 11.

Forêts de l'Unterwald, et vous, Alpes d'Uri,

L'Éternel, à grands traits, de ses mains vénérables

Vous avait dessinés pour des faits mémorables.

Au sujet de la plaine de Waterloo, Byron faisait observer (notes du chant III de *Child-Harold*), que plusieurs champs de bataille qu'il avait visités avec attention semblent indiqués pour de grandes actions. Cette remarque du poète anglais s'applique merveilleusement au lac de Lucerne, et aux montagnes qui l'entourent. La configuration de ce lac imposant, et des Alpes austères de Schwitz, d'Uri et d'Unterwald, forme un tout d'un caractère solennel qui fait dire aussitôt : une telle contrée était prédestinée aux conquêtes de la liberté ! La situation du Gruttli (V. la note précédente) est particulièrement remarquable sous cet aspect. Les conjurés, ces simples pasteurs, avaient choisi, dans leur sublime instinct, le lieu le plus inspirateur pour leur audacieuse entreprise.

(29) Page 12.

Aux Alpes il eût dit : Vous êtes mon poème.

« Vous demandez, disait le Tasse, qui a pu m'inspirer ; c'est tout ce qui frappe nos yeux ; *la nature voilà mon poème !* »

(30) Page 12.

Morgarten et Sempach, Nefels....

Les batailles de Morgarten, de Sempach et de Nefels furent décisives pour

la liberté suisse. Cette dernière eut lieu le 9 avril 1388, entre Glaris et le
lac de Wallenstadt. Les Glaronais y mirent en déroute 6,000 Autrichiens,
dont 2,500 furent tués.

(31) Page 13.

Il vendait sa vigueur, son sang, sa liberté.

Les enrôlemens des Suisses à l'étranger commencèrent en 1479; le premier traité de cette nature fut conclu avec la France. En 1499, l'Autriche
imita cet exemple, suivi bientôt par les princes d'Italie et par la papauté elle-
même. Le belliqueux Jules II fut le premier pontife qui eut une garde
suisse, en 1503.

« Les gouvernemens helvétiques, dit Henri Zschocke, dans son *Histoire
de la nation suisse* (Chap. 30), jugèrent convenable de faire des traités
avec les souverains pour la formation de régimens suisses, commandés par
des officiers nationaux, soumis à leurs propres lois, et soldés régulièrement,
afin que chaque gouvernement pût veiller au bien de ses sujets en pays
étranger. « Confédérés, il vous faut une ouverture par où vous puissiez
» vous échapper » avait dit Rodolphe Reding de Schwytz, en voyant la
joyeuse vie des jeunes gens après la guerre de Bourgogne.

Ces dernières paroles déterminent l'une des causes des enrôlemens. Les
princes, de leur côté, en appelant des Suisses auprès d'eux, se fondaient sur
la vaillance dont ceux-ci avaient donné tant de preuves dans leurs guerres
d'indépendance. Rien ne justifie plus cette coutume anti-sociale, anti-humaine,
qui a duré trop longtems, et dont notre siècle verra probablement l'entière
abolition. Ce qui l'entretient encore, c'est que le territoire helvétique est
insuffisant à nourrir ses habitans, c'est que le Suisse, tout en chérissant sa
terre natale, et possédant à un haut degré le sentiment de nationalité, se
décide cependant assez facilement à s'expatrier, pour chercher ailleurs des
ressources que son pays ne peut lui procurer. Ceci explique les émigrations
sans autoriser les enrôlemens. Il n'est presque pas un coin du monde où l'on
ne rencontre des Suisses; mais il faut le dire, aussitôt que, par leur travail
patient et leur économie, ils sont parvenus à amasser un honnête pécule, ils
reviennent ordinairement finir leurs jours dans leur patrie.

(32) Page 13.

Souviens-toi du grand jour de Morat.

Le 22 juin 1476 eut lieu la célèbre bataille de Morat, où les Suisses
coalisés défirent l'armée bourguignonne commandée par Charles-le-Téméraire,
qui perdit plus de 20,000 hommes dans cette action.

(33) Page 13.

Le soldat, qui se courbe en labourant sa terre,

Fièrement se redresse au premier cri de guerre.

« Le soldat se courbe en remuant la terre, mais il se redresse en marchant
« à l'ennemi. »

FRÉDÉRIC II, *Instructions pour le prince royal de Prusse.*

(34) Page 13.

Chez lui la vertu règne, et les mœurs font les lois.

Plùsque ibì boni mores valent, quàm alibì bonæ leges.
TACIT. *de moribus Germanorum.*

Les Suisses furent longtems dignes de l'éloge dont Tacite honorait les
Germains; le mériteraient-ils encore ? Il est permis d'en douter. Assurément,
on retrouve çà et là, même dans quelques villes, la tradition non effacée des
antiques mœurs ; on la remarquerait surtout en explorant des régions
reculées de l'Helvétie, où ne pénètre guère la foule des touristes, le canton
d'Appenzell, par exemple, celui des Grisons, et plusieurs autres contrées
montagneuses ; mais on rencontrerait difficilement hors de là cette foi
intacte, cette probité austère, cette pureté, que les Suisses tenaient à si grand
honneur autrefois. D'où est provenu ce relâchement dans les mœurs ?
Évidemment, du contact trop multiplié des riches étrangers, qui affluent
chaque année en Suisse, et y importent leur or, avec le fâcheux spectacle de
leur luxe. Les Anglais, il faut le dire, n'ont pas peu contribué à dénaturer ce
pays. Je l'ai vu à diverses époques depuis ma jeunesse, et j'ai été surpris
chaque fois des rapides changemens qui s'y sont opérés. Les partisans de ce
qu'on est convenu d'appeler le *comfort*, diront que la Suisse est en progrès ;
j'oserais dire que la Suisse *s'en va.*

(35) Page 14.

Le règne de la foule est le pire de tous.

« Le pire des états c'est l'état populaire. »
P. CORNEILLE, *Cinna*, acte II.

NOTES

DE LA DEUXIÈME PARTIE.

————◦◦◦◎◉◎◦◦◦◦————

(1) Page 16.

D'un pied libre aujourd'hui je puis fouler la terre.

> Nunc pede libero
> Pulsanda tellus.
>
> HORAT. *Od.* I, 31.

(2) Page 16.

Me voici sous ta garde, ô nature ! ô ma mère !...
Nul mortel entre nous ne vient s'interposer.

« Je m'écriais quelquefois : O nature ! ô ma mère ! me voici sous ta seule
« garde : il n'est point ici d'homme adroit et fourbe qui s'interpose entre toi
« et moi. »

> J.-J. ROUSSEAU, *Confessions*, liv. XII.

(3) Page 16.

Enfin de l'Oberland j'ai franchi la limite.

Oberland signifie en allemand *haut-pays* : Les Suisses désignent en
général sous ce nom les Alpes, et plus particulièrement celles du canton de
Berne.

(4) Page 17.

Thoune, qui décrira le charme de ton site ?

La ville de Thoune, assise au bord du lac qui porte son nom, est comme la
clé des Alpes du canton de Berne. Prise du château Baillival de *Schadau*, soit

au lever, soit au coucher du soleil, la vue de ce lac et des montagnes qui l'entourent, est véritablement d'une beauté indicible : cette perspective est, à mon gré, l'une des plus remarquables de la Suisse.

(5) Page 17.

Dans cette grande image où tout est plein de toi,

Souverain créateur, je reconnais ta loi...

> *Creation's God ! with thougt elate*
> *Thy hand divine i see*
> *Impressed on scenes, where all is great,*
> *Where all is full of thee.*
> — Miss WILLIAMS, *Hymn written among the Alps.*

« Dieu de la création ! d'une ame enivrée je reconnais la trace de ta « main divine, en des objets où tout est grand, où tout est plein de toi. »

(6) Page 17.

Ou ce *Ranz* pastoral que le Suisse exilé

Sent vibrer nuit et jour dans son cœur désolé.

Tout le monde a entendu parler de cet air alpestre connu sous le nom de *Ranz des vaches* ; on sait qu'il fut défendu autrefois de le jouer en présence des soldats suisses soldés à l'étranger, parce qu'il leur causait le *heimweh*, mal du pays, assez intense pour les faire fondre en larmes, déserter, ou même mourir. Cet air ancien, que les pâtres actuels paraissent oublier, est une mélodie très simple, non exempte de rudesse, pourvue en même tems d'intonations singulièrement mélancoliques. Il est comparable peut-être aux chants primitifs des sauvages, où l'on remarque toujours un fonds de tristesse qui semblerait inné chez l'homme. La cantilène des Alpes, inspirée par ces montagnes, participe de leur âpreté ; elle y produit des impressions en rapport avec elles, impressions qui se perdent partout ailleurs.

J.-J. Rousseau, en parlant du *Ranz des vaches*, qu'il a noté dans son *Dictionnaire de musique*, explique ainsi son action sur l'imagination des Suisses.

« On chercherait en vain dans cet air les accens énergiques capables de » produire de si étonnans effets : Ces effets ne viennent que de l'habitude, des » souvenirs, de mille circonstances qui, retracées par cet air à ceux qui l'en- » tendent, et leur rappelant leur pays, leurs anciens plaisirs, leur jeunesse, et

» toutes leurs façons de vivre, excitent en eux une douleur amère d'avoir
» perdu tout cela. La musique alors n'agit point précisément comme musique,
» mais comme signe mémoratif. » A tout cela, l'auteur ajoute : « Cet air,
» quoique toujours le même, ne produit pas aujourd'hui les mêmes effets
« qu'il produisait ci-devant sur les Suisses, parce que, ayant perdu le goût
» de leur première simplicité, ils ne la regrettent plus quand on la leur
» rappelle. »

Si Rousseau fut déjà dans le vrai lorsqu'il écrivit ces dernières lignes, cette
vérité à dû devenir de plus en plus manifeste, et un Suisse que de nos jours
le ranz ferait mourir du *heimweh*, passerait probablement pour un être excep-
tionnel.

(7) Page 18.

Sa compagne, aura mis sans doute une ramée
 Au foyer dont là-bas s'élève la fumée...

 . . . . , ...

Pl us épaisse, des monts son ombre descendue.
 Bientôt de-là vallée a rempli l'étendue.

  Et jàm summa procul villarum culmina fumant,
  Majoresque cadunt altis de montibus umbræ.

VIRGIL. *Ecloga,* I.

(8) Page 19.

Le grèbe, moins agile....

« Le grèbe (colymbus) est bien connu par ces beaux manchons d'un blanc
argenté, qui ont, avec la moelleuse épaisseur du duvet, le ressort de la
plume et le lustre de la soie.... Il fréquente également la mer et les eaux
douces, quoique les naturalistes n'aient guère parlé que de ceux qu'on voit
sur les lacs, les étangs et les anses de rivière.... Le grèbe du lac de Genève,
qui se trouve aussi sur celui de Zurich et les autres lacs de la Suisse, et
quelquefois sur celui de Nantua, et même sur certains étangs de Bourgogne
et de Lorraine, est l'espèce la plus connue. Il est un peu plus gros que le
foulque; sa longueur, du bec au croupion, est d'un pied cinq pouces, et du
bec aux ongles, d'un pied neuf à dix pouces. Il a tout le dessus du corps
d'un brun foncé, mais lustré, et tout le devant d'un très beau blanc
argenté. » (BUFFON, *Histoire naturelle des oiseaux.*)

(9) Page 20.

Par l'action du tems ce monde est-il usé?

Son germe producteur sera-t-il épuisé ?

Allusion au système du refroidissement de la terre, que Buffon a développé en des pages si éloquentes.

(10) Page 20.

Hautes Alpes, j'aborde à vos pieds, je commence

A juger du regard, à mesurer vos flancs.

Parmi les singularités que présentent les Alpes dans leur structure, il en est une qui frappe et intéresse particulièrement l'observateur. La nature est pour ainsi dire prise sur le fait dans certaines étroites vallées alpines. La configuration de ces gorges n'est pas sans importance, au point de vue du géologue. Presque toujours un cours d'eau les traverse avec plus ou moins d'impétuosité, et souvent les monts qui les forment se suivent parallèles, en telle sorte qu'un angle rentrant correspond à un angle saillant. Ce parallélisme donne à penser que la rivière ou le torrent qui roule ses eaux dans un effrayant abîme, eut jadis son niveau à la hauteur qui sert maintenant à déterminer sa profondeur. Ce fait admis, combien n'a-t-il pas fallu de siècles pour que ces ondes, à force de miner des roches granitiques, soient descendues là où nous les voyons de nos jours ?

(11) Page 21.

C'est un vaste désir, un sublime *Peut-être.*

On raconte que Rabelais, à son heure dernière, dit à ceux qui entouraient son lit de mort: « Mes amis, je vais chercher un *grand peut-être.* » Employer dans un vers cette singulière expression d'un homme très singulier lui-même, ce n'est pas en adopter le scepticisme. Tout le passage au milieu duquel se trouve intercalé le mot de Rabelais, est un raisonnement généralisé sous la forme poétique, sans qu'on en doive rien conclure au détriment de l'auteur du poème. Il proteste contre une fâcheuse interprétation qui jetterait de la défaveur sur sa croyance. Il a manifesté, en plusieurs parties de son ouvrage, des sentimens religieux qui semblent devoir lui concilier de l'indulgence.

Le mot *peut-être* se retrouve au début de son IVe chant :

Que sait-on de la tombe? elle est peut-être un port,

Peut-être fatigué de ses jours de misère,

Le voyageur s'endort entre les bras d'un père.

La poésie ne peut-elle s'exprimer ainsi ? Ducis a dit avec Shakespeare :

> La mort c'est le sommeil, c'est le réveil peut-être....
> Peut-être.... Ah ! c'est ce mot qui glace épouvanté
> L'homme au bord du cercueil par le doute arrêté.
>
> HAMLET, acte IV, sc. 1.

Ce mot terrible se dresse entre nous et la tombe, en dépit de nos efforts pour l'écarter. Heureuse assurément et bien heureuse l'ame qui en triomphe ! Mais il doit être permis de le dire, l'indécision à l'égard des récompenses futures paraît tellement naturelle chez l'homme, que celui-là même qui ajoute le plus de foi aux promesses du christianisme, ne peut se défendre d'une appréhension voisine du doute. Voilà ce qu'on a voulu établir ici, rien de plus, rien de moins.

(12) Page 22.

Rome n'est plus dans Rome.

Hémistiche de Pierre Corneille. De pareils emprunts sont autorisés par l'usage, quand il s'agit de vers caractéristiques. Emprunter à un grand poète, c'est rendre hommage à son génie, c'est s'enrichir sans l'apauvrir.

(13) Page 22.

Que j'aime, Lauterbrun, ta solitude austère !

La vallée de Lauterbrunn, dans l'*Oberland* bernois, s'étend au S.-O., au centre de montagnes colossales. Elle a cinq lieues de longueur, et tout au plus un quart de lieue de largeur. Plus de vingt torrens s'y précipitent en cascades du haut des rochers. On y voit d'assez près la *Jungfrau*, ou *pic vierge*, ainsi nommé, parce que la cime en fut longtems jugée inaccessible. De superbes glaciers décorent la vallée de Lauterbrunn, et tout concourt à faire de cette contrée l'une des plus extraordinaires qu'on puisse voir.

(14) Page 24.

Le Staubbach me présente un spectacle nouveau,
Il déroule à mes yeux son magique tableau.

Le *Staubbach*, dans la vallée de Lauterbrunn, offre le phénomène que j'ai essayé de décrire. La cascade s'élance d'un rocher à pic de 900 pieds d'élévation, et se résout en une poussière liquide qui se disperse au gré des vents, et dans laquelle les jeux de la lumière sont d'une variété charmante. C'est ce qui a fait donner à cette chute d'eau le nom de *Staubbach* ou *ruisseau de poussière.* « Le voyageur, dit Haller, voit avec surprise des » rivières qui sortent des nues, forment elle-mêmes des nuages, et coulent » dans les airs. »

(15) Page 24.

Ce n'est plus qu'un nuage, et son réseau charmant,

Tel qu'un zéphir tissu, plane légèrement.

Les poètes grecs ne craignaient pas de comparer à de l'*air tissu*, les vêtemens transparens et légers des déesses ou des femmes. Ramond, en parlant d'une cascade des Pyrénées, qui, ainsi que le Staubbach, tombe d'une grande hauteur, dit de même, qu'elle ressemble à du *vent tissu.* Cette expression métaphorique paraît rendre assez bien la transparence aérienne de la cascade du Staubbach.

(16) Page 24.

Grindelwald vous réserve un brillant phénomène.

La vallée de Grindelwald, située à plus de 3,000 pieds au-dessus du niveau de la mer, s'étend dans la direction du N.-E. au S.-O. Elle est formée de montagnes, dont plusieurs ont de 10,000 à 12,000 pieds d'élévation. Elle est très fréquentée des voyageurs, parce que son accès est facile, et qu'on y peut étudier commodément les glaciers et les mœurs agrestes des habitans des Alpes.

(17) Page 25.

On vit l'aigle française avec l'aigle sauvage

Du domaine éthéré disputer le partage.

Allusion au passage du Mont Saint-Bernard, opéré par l'armée française sous le commandement de Bonaparte.

(18) Page 26.

Ainsi, dans l'Oberland, quand d'une haute cime

S'écroule l'avalanche....

L'étymologie du mot *avalanche,* est le vieux terme *avaler* (descendre); ou dérivé de l'adverbe *à-val, ad vallem.* Les habitans des Alpes suisses désignent, par l'expression de *Lawine*, ou *Lauwine*, ce phénomène, connu encore dans le pays *Roman* sous le nom de *Lavange*. Au reste, on distingue trois sortes d'avalanches : l'*avalanche de froid*, celle *de chaud*, et celle de *vent*, suivant que leur chute est déterminée, soit par une trop grande accumulation de neige que son poids entraîne, soit par ce vent méridional que les Suisses nomment le *Fohn*, et les Italiens le *Scirocco*; soit enfin par des ouragans fréquens dans ces hautes régions.

(19) Page 26.

Le colosse bondit, tombe, et l'ame troublée
Ressent le contre-coup de la terre ébranlée.

J'ai vu des volcans; j'ai navigué sur la mer orageuse; après ces grandes scènes naturelles, s'il en est qu'on puisse leur comparer, pour la force des émotions qu'elles éveillent dans l'ame, c'est sans doute la chute d'une avalanche dans les Alpes. Je jouis un seul jour, mais pleinement et à diverses reprises, de ce spectacle dont j'ai essayé de rendre l'impression dans mes vers. Je traversais la *Wengern-Alp*, col qui sépare la vallée de Grindelwald de celle de Lauterbrunn. Un bruit sourd, pareil à celui de la foudre lointaine, interrompt tout à coup le repos de la solitude; je me retourne ; une avalanche venait de crouler du *Wetterhorn* : le bruit grondait encore de vallée en vallée, quand j'aperçois, sur le flanc de la montagne, un long sillon de neige en mouvement; un fracas plus violent suit la nouvelle chute. Alors je m'assis, et dans l'espace d'une demi-heure, je pus contempler à mon aise, et à l'abri de tout péril, une douzaine d'avalanches se succédant avec plus ou moins de rapidité, mais presque toutes avec des craquemens dont la violence semblait imprimer à l'air et aux Alpes des commotions convulsives. J'eus peine à m'arracher de ce lieu; mais la soirée avançait, et il fallait gagner Lauterbrunn, sous peine de s'attarder sur des sentiers dangereux.

(20) Page 26.

La belle rose alpestre et l'humble violette
Y bravent la froidure.

Au pied même du glacier supérieur de Grindelwald j'ai cueilli, au mois de septembre, une scabieuse, des violettes et des fraises. La rose des Alpes, *Rhododendron*, croît et fleurit plus haut encore, et jusqu'à la limite des neiges perpétuelles.

(21) Page 27.

Dans les soupirs de l'air, dans la voix des torrens,
Dans l'écho qui murmure, et dans les sons errans
Sous les voûtes des pins ou des chênes antiques,
J'ai cru saisir parfois des accens prophétiques.

Il y a dans le bruissement des feuillages que le vent agite, dans le retentissement de l'eau qui tombe en cascades, une harmonie singulière, où, sans un grand effort d'imagination, l'on croit distinguer des voix humaines. Cela donne un sens à la fable des chênes qui rendaient des oracles, cela fait comprendre aussi pourquoi les anciens avaient consacré les fontaines aux nymphes, dont ils devinaient la voix dans le bruit que produit l'onde fortement émue. (*Voy. Barthélemi, voy. d'Anacharsis*, chap. XXXVI).

Bernardin de Saint-Pierre a bien exprimé ces consonnances. « Les feuilles mobiles des peupliers, dit-il (*Etudes de la nature*, Etude première) font entendre, au milieu de nos bois, les bouillonnemens des ruisseaux ; les vertes prairies et les tranquilles forêts, agitées par les zéphirs, représentent, au fond des vallées et sur la pente des coteaux, les ondulations et les murmures des flots de la mer qui se brisent sur le rivage. Les premiers hommes, frappés de ces bruits mystérieux, crurent entendre des oracles sortir du tronc des chênes, et que des nymphes et des dryades habitaient les montagnes de Dodone. »

NOTES

DE LA TROISIÈME PARTIE.

(1) Page 30.

Croire est l'un des bienfaits dus à la solitude ;
Quel homme en rapporta son incrédulité ?

« On ne revient point impie des royaumes de la solitude. »

CHATEAUBRIAND, *René.*

(2) Page 30.

Volupté gémissante où se complaît le cœur,
C'est la mélancolie.

Un écrivain (je regrette d'avoir oublié lequel) a dit que la *Mélancolie est la volupté du malheur.* Montaigne avait déjà trouvé qu'elle est *friande.* Voici comment s'exprime J. J. Rousseau sur cette affection de l'âme : « Le » vrai contentement n'est ni gai ni folâtre ; jaloux d'un sentiment si doux, » en le goûtant on y pense, on le savoure, on craint de l'évaporer. Un » homme vraiment heureux ne parle et ne rit guères ; il resserre, pour ainsi » dire, le bonheur autour de son cœur. Les jeux bruyans, la turbulente » joie, voilent les dégoûts et l'ennui ; mais la mélancolie est amie de la » volupté ; l'attendrissement et les larmes accompagnent ses plus douces » jouissances, et l'excessive joie elle-même arrache plutôt des pleurs que » des ris. » (*Émile*, liv. IV.)

Voilà bien la mélancolie, sentiment naturel, tendrement plaintif, non pas triste et lugubre comme on nous l'a fait de nos jours ; après Jean-Jacques, nul peut-être ne l'a mieux définie que Bernardin de Saint-Pierre, en nous peignant les plaisirs de la ruine, des tombeaux et de la solitude (Voy. *Études de la nature, Étude* XII.)

Châteaubriand est le prosateur français qui a le plus souvent reproduit les images de la mélancolie ; ses écrits en portent vivement l'empreinte ; mais celte affection, chez lui, n'est jamais tranquille, élle se passionne, elle èst une exaspération de la sensibilité.

Vient ensuite la mélancolie qu'on pourrait appéler *Byronienne*, et dont les poètes modernes ont largement abusé. Celle-là s'exagère encore davantage ; profondément misanthropique, elle est, pour ainsi dire, le *Spleen* de la poésie.

(3) Page 31.

Vers le lac, vers la rive où l'Aare en son cours

S'apprête à m'emporter....

De Thoune à Berne il y a six lieues, qu'on peut franchir avec une extrême célérité sur l'Aare ; mais c'est à la condition de ne pas échouer, ce qui m'arriva deux fois pendant ce court trajet, quoique je fusse sur une barque légère qui n'avait qu'un faible tirant d'eau. La rivière, très rapide, a en même tems fort peu de profondeur, et, pour prendre une voie si prompte en apparence, il ne faut pas être absolument pressé d'arriver. Mis à part les incidens, ce genre de locomotion est des plus divertissans ; il remet en mémoire l'ancienne *ramasse* du Mont-Cenis, et naviguer sur l'Aare, c'est, en quelque sorte, *se faire ramasser par eau.*

(4) Page 31.

Dieu seul est grand....

Réminiscence de la belle exclamation de Massillon : « Dieu seul est grand, mes frères ! » (*Oraison funèbre de Louis* XIV.)

(5) Page 34.

Chênes majestueux, bocage, aimable asile,

Vous avez abrité jadis l'auteur d'*Émile.*

En 1765, après un séjour de deux ans à Moliers-Travers, dans le pays de Neuchâtel, J.-J. Rousseau vint habiter l'île de Saint-Pierre, au lac de Bienne. Il ne demeura que six semaines, du 12 septembre au 25 octobre, dans cette retraite, véritable Élysée, dont il nous a laissé deux tableaux enchanteurs, auxquels il n'est pas permis de rien ajouter. (V. les *Confessions,* liv. XII, et les *Rêveries d'un promeneur solitaire,* Ve promenade.)

J'ai fait plusieurs pélerinages à l'île de Saint-Pierre, et chaque fois j'y ai passé une nuit. Rousseau a été si fidèle dans ses descriptions, qu'il ne s'y trouve

6

pas un trait qui ne soit reconnaissable; rien n'a changé que les hommes. L'île appartient encore à l'hôpital de Berne; elle est, comme alors, régie par un receveur ou fermier; on y trouve les mêmes bâtimens d'exploitation, les mêmes cultures, et toujours une magnifique futaie, dont beaucoup d'arbres sont évidemment contemporains de Jean-Jacques.

Lors de mon dernier séjour dans l'île, le receveur qui l'administrait était le cinquième qu'on y eût vu depuis 1765. Celui qui s'y trouvait à cette époque se nommait *Engel*.

Si rien n'est changé dans l'île, on n'en saurait dire autant de la contrée adjacente. Ce qui plaisait surtout à Jean-Jacques, c'était qu'il n'y eût pas de grandes routes sur les rives du lac. Jusqu'en 1835, en effet, on n'y trouvait que des sentiers serpentant parmi les vignes et les bois. J'y ai vu commencer un chemin carossable, destiné à servir de communication directe entre Bienne et Neuchâtel. Il siérait mal assurément de médire de l'industrie, qui crée en Suisse de larges chemins aplanis, là où il n'y avait que des passages difficiles, et qui projette en ce pays l'établissement de chemins de fer; l'utilité de ces innovations est incontestable : toutefois il peut être permis de remarquer que l'utile désenchante souvent les peintres et les poètes, et que l'industrie est peu pittoresque.

(6) Page 36.

Chacun se fait honneur d'aimer la probité,
Mais personne n'en veut avec l'adversité.

Probitas laudatur; et alget.

JUVÉNAL, sat. I.

(7) Page 36.

Inestimable bien, vertu, santé de l'ame.

Voltaire a dit :

La liberté dans l'homme est la santé de l'ame.

Discours sur la Liberté.

Usant ici de hardiesse, je m'empare d'une pensée de Voltaire, et je l'interprète dans une acception autre que la sienne. Je fais plus, j'ose croire que le sens dont je revêts cette pensée, convient à la vertu tout aussi bien, si ce n'est mieux qu'à la liberté. Cette dernière est un bien-être, un contentement; la vertu, *virtus*, force et courage de l'ame, en est plus véritablement la *santé*.

(8) Page 38.

Ce qui m'a tant charmé fut donc imaginaire ?

« Je dirais volontiers à ceux qui ont du goût et qui sont sensibles : allez à Vevay, visitez le pays , examinez les sites, promenez-vous sur le lac, et dites si la nature n'a pas fait ce beau pays pour une Julie, pour une Claire et pour un Saint-Preux ; mais ne les y cherchez pas. »

J.-J. ROUSSEAU, *Confessions*, livre IV.

Là, il est trop vrai, on chercherait en vain la réalisation de si riantes chimères; et pourtant, certaine de ne pas les trouver, l'imagination, douce-ment abusée, se surprend les demandant à cette contrée poétisée par Jean-Jacques. Elle a, en effet, conservé presque toute sa physionomie, telle qu'elle fut saisie par le peintre. Vevay, Clarens, Chillon, le village de Montreux, les rives du lac, ont gardé le charme de leurs aspects; non loin de Clarens, un vieux château, qu'on appelle le *châtelar*, peut jusqu'à un certain point représenter la demeure du baron d'Étange; la nature répand toujours sur les objets les mêmes teintes mélancoliques et touchantes; mais le petit bois que les habitans du pays avaient nommé *le bosquet de Julie*, est tombé sous la hache, et l'on a fait jouer la mine au milieu des roches pittoresques de Meillerie, maintenant traversées par la grande route qui mène de Genève au Simplon.

(9) Page 39.

A Genève, en partant, il laissa son portrait.

« C'est une belle chose que le lac de Genève; il semble que l'Océan ait voulu donner à la Suisse son portrait en miniature. »

BOUFFLERS, *Voyage en Suisse*, Lettre III.

(10) Page 40.

Là règne le Mont-Blanc, dominateur suprême ;

Des glaçons hérissés forment son diadême ;

Son trône est de granit ; un sceptre menaçant ,

L'avalanche est aux mains de ce maître puissant,

Roi des monts, qni vêtu de frimas, de nuages,
Tient sous ce froid manteau le vent et les orages.

Mont-Blanc is the monarch of montains,
They crown'd him long ago
On a throne of rocks, in a robe of clouds,
With a diadem of snow.
Around his waist are forests braced,
The avalanche in his hand.

« Le Mont-Blanc est le monarque des montagnes. Elevé sur un trône de
« rochers, enveloppé d'un manteau de nuages, dès long-tems il fut couronné
« d'un diadème de neige ; des forêts l'entourent comme une ceinture; l'ava-
« lanche est dans ses mains. »

BYRON, *Manfred*, Sc. I.

NOTES

DE LA QUATRIÈME PARTIE.

———◆◆◆◆◆◆◆———

(1) Page 45.

Voici Lavaux, voici la côte renommée
Où mûrit le trésor d'une vigne embaumée.

Le vignoble de *Lavaux*, situé entre Lausanne et Vevay, produit un vin blanc fort recherché dans le pays. Ce vin, celui de la *côte*, et le vin rouge du *Cortaillod* (ce dernier croît au bord du lac de Neuchâtel), sont les meilleurs de la Suisse, et à peu près les seuls dignes de quelque estime.

(2) Page 45.

Ces coteaux où se plaît le dieu de la vendange.

> *Apertos*
> *Bacchus amat colles.*
> Virgile, *Georgic.* lib. I.

(3) Page 45.

Lausanne au doux climat, au nom plus doux encore,
Imite, avec son lac, Bysance et le Bosphore.

Le célèbre voyageur Tavernier trouvait quelque similitude entre la vue de Lausanne, prise du lac, et celle de Constantinople. Quoiqu'il en soit de cette ressemblance, il est certain que Lausanne occupe un site magnifique : la ville, bâtie sur trois collines, a les inconvéniens intérieurs de cette position ; mais de ces mêmes hauteurs, l'aspect du Léman et des Alpes de Savoie est d'une beauté que rien ne surpasse.

(4) Page 46.

Gibbon y retraçait

Les fastes des Romains.

C'est à Lausanne que Gibbon écrivit son *Histoire de la décadence et de la chute de l'Empire Romain.*

(5) Page 46.

Tissot y guérissait,

Hippocrate nouveau, l'humanité souffrante.

Le médecin Tissot s'était fait, au siècle dernier, une réputation très étendue ; on venait le consulter de tous les points de l'Europe. Il avait à Lausanne la vogue dont jouissait à Genève le célèbre Tronchin. Sous le titre de *Avis au peuple, Avis aux gens du monde* et *Avis aux gens de Lettres,* Tissot a laissé trois traités d'hygiène, où les différentes classes de la Société peuvent puiser des instructions utiles à leur santé. Ce médecin recommandable mourut à Lausanne en 1797, âgé de 70 ans.

(6) Page 46.

La plume de Haller, poétique et savante,

Y peignait les glaciers, tandis que sa raison,

D'un art conjectural étendait l'horizon.

Albert de Haller s'est illustré dans la médecine et dans la poésie. Médecin, ce fut moins par la pratique qu'il se rendit célèbre, que par ses profondes connaissances en anatomie, en chirurgie et en botanique. Poète, il a chanté les Alpes sur le ton le plus élevé, comme le plus philosophique. Cet homme si remarquable, que l'Allemagne nomme le *grand Haller,* était bernois, mais il avait vécu plusieurs années à Lausanne, et c'est là qu'il conçut son poème.

(7) Page 46.

Kemble, s'y délassant des gloires de la scène,

Pour la muse rustique oubliait Melpomène.

L'acteur tragique anglais Kemble, justement célèbre au siècle dernier, s'était retiré dans une riante habitation, tout auprès de Lausanne.

(8) Page 46.

Voltaire, enfin, Voltaire y gardait pour appui
Son renom qu'on ne put exiler avec lui.

Après sa rupture avec le roi Frédéric II, en 1753, et un séjour de deux années, tant en Alsace qu'au château de *Prangins*, dans le pays de Vaud, Voltaire vint occuper, près de Genève, au pied de la colline de Saint-Jean, la maison de campagne des *Délices*, qu'il tenait à loyer du docteur Tronchin. Le théâtre de société qu'il avait fondé là, ayant excité des mécontentemens de la part de Génevois rigides, il prit lui-même de l'humeur, et se retira en 1757 à *Monrepos*, autre maison de plaisance, auprès de Lausanne. Enfin, il acquit la terre de Ferney, et s'y fixa en 1760.

(9) Page 46.

La noblesse française, en de funèbres jours,
Sur ce rivage admise, y trouvait un recours.

Lorsque la révolution de 1789, déviée de son but, eut fait place à un régime de persécution, Lausanne accueillit un grand nombre d'émigrés, et leur fut hospitalière, comme elle l'avait déjà été pour tant d'autres malheureux, lors de la révocation de l'édit de Nantes. La douceur de ses habitans a toujours contribué à rendre ce séjour agréable aux étrangers.

(10) page 46.

En ton nom, Liberté, que d'erreurs et de crimes !

« O liberté ! que de crimes commis en ton nom ! » Tout le monde connaît cette exclamation de madame Roland, en montant à l'échafaud.

(11) Page 47.

Necker osa penser que sa main ferme et libre
Des lois et du pouvoir maintiendrait l'équilibre.

Le Génevois Necker fut appelé pour la première fois en 1776 à l'administration des finances; en 1781 il se démit de ce haut emploi; il y fut rappelé en 1787. En 1789, le 23 juin, il offrit sa démission qui ne fut pas acceptée; Louis XVI le congédia et l'exila le 11 juillet, et le rappela le 16 du même mois; enfin, le 4 septembre, Necker quitta le timon des affaires pour ne plus le reprendre. Devenu spectateur éloigné d'une révolution dont il avait été l'un des acteurs principaux, il vécut jusqu'en 1804, confiné dans sa terre de Coppet, entre Lausanne et Genève.

Pendant notre révolution, aucun nom n'a été plus populaire que celui de Necker. Et pourtant, ce ministre, dont le buste fut porté en triomphe la veille de la prise de la Bastille, se vit, lors de son départ pour la Suisse, en 1790, insulté, arrêté par le peuple, sur la route où il avait été, en 1781, escorté de regrets et de bénédictions. Faut-il s'en étonner? ne vit-on pas, en ce tems-là, des citoyens accusés de *Fayétisme* par ceux qui, auparavant, exaltaient La Fayette? Robespierre et Marat ont été populaires, Malesherbes et Bailly impopulaires. Certes la faveur du peuple est un bien digne d'une noble ambition; mais ce bien est si fragile, et les cœurs qui le donnent sont si variables! La popularité est comme une maîtresse capricieuse; l'homme qui la possède ne doit pas se laisser posséder par elle. La bonne renommée, fille des vertus, est une chaste épouse avec laquelle on vit sa vie entière.

Sans doute la vie politique de Necker serait mal appréciée, si l'on s'en rapportait seulement à la haine des partis, ou à l'enthousiasme filial de madame de Staël; mais un homme dont le talent et l'impartialité sont honorés, a porté un jugement qui peut servir de base au nôtre.

« La postérité, a dit M. de Lally-Tollendal, la postérité, je n'en ai pas le plus léger doute, placera Necker au premier rang parmi les hommes publics ou privés les plus généralement et les plus constamment vertueux, parmi les ministres des finances les plus habiles et les plus désintéressés, parmi les écrivains les plus élevés par la pensée, les plus utiles par la doctrine, les plus puissants en morale comme en style. La postérité dira du premier ministère de Necker, que, s'il n'eût pas été interrompu, il eût porté la gloire du prince et la prospérité du peuple au plus haut degré; elle dira du second, que Necker a été le médecin appelé trop tard au lit du malade frappé à mort. » (*Biographie universelle.*)

(12). Page 48.

Où Corinne vivait d'une si belle vie,

De ses jours glorieux a pâli le flambeau;

Sa dernière demeure est près de son berceau.

Madame de Staël, née le 22 avril 1766 mourut le 14 juillet 1817; ses restes reposent à Coppet, auprès des sépultures de monsieur et de madame Necker.

(13) Page 48.

Beaux arbres de Coppet...

Vous n'avez pas suivi vos possesseurs d'un jour.

Neque harum, quas colis, arborum...
Ulla brevem dominum sequetur.

HORAT. *Od.* XI, lib. II.

(14) Page 49.

Émule de Luther, l'ambitieux Calvin...
Jadis de la réforme acheva l'entreprise.

En reprenant l'œuvre de Luther, Calvin, selon l'expression de Bossuet, prétendait lui donner un nouveau tour. Ce réformateur possédait au plus haut degré l'activité, et surtout l'inflexibilité, qui font les chefs de parti. Il était irritable, et ne s'en cachait pas. Dans une lettre adressée à Bucer, prosélite luthérien à Strasbourg, il écrivait ces propres mots : « Je n'ai pas » de plus grands combats contre mes vices, qui sont grands et nombreux, » que ceux que j'ai contre mon impatience : je n'ai pu vaincre encore cette » bête féroce. » Bête féroce, en effet, cette haine de toute opposition à ses doctrines, qui alla jusqu'à sacrifier les contradicteurs. Servet ne fut pas la seule victime de l'influence toute puissante que Calvin exerçait. Jacques Gruet eut la tête tranchée pour avoir écrit des lettres impies et des vers libertins ; Bolsec fut mis en jugement pour crime d'hérésie volontaire ; Valentin Gentilis fut condamné à mort, comme ayant émis sur la prédestination d'autres idées que celles de Calvin, et sa rétractation le sauva seule du supplice.

Il faut se hâter d'ajouter, pour rendre à la vérité un complet hommage, que Calvin eut plus d'une des qualités de l'honnête homme. Il était, disent ses biographes, sobre, tempérant, d'une véritable austérité de mœurs, d'un désintéressement sans égal. Son unique passion, qui absorba tout, fut pour le triomphe de ses opinions.

Né à Noyon en 1509, Jean Calvin mourut à Genève en 1564.

Luther était né en 1484 à Ensleben, en Saxe ; il y mourut en 1546.

(15) Page 49.

Calvin, perdant Servet, qu'il n'avait pu confondre,
Était vaincu par lui.

Servet (Michel), né en 1509, à Villanuova, en Aragon, passa fort jeune en France, et se rendit à Toulouse, pour y étudier le droit. De longue main se préparait l'œuvre de la réformation ; c'était le temps des controverses religieuses. La controverse ! il semblait que Servet fût né pour elle. Son esprit inquiet, était essentiellement disputeur. Témérairement opposé aux dogmes fondamentaux de la foi chrétienne, de bonne heure il se fit connaître comme l'un des plus fougueux anti-trinitaires. En 1531, il osa publier un écrit intitulé *De Trinitatis erroribus*, et l'année suivante, des *Dialogues sur la Trinité*; ces deux ouvrages causèrent beaucoup de scandale. Réduit à se faire correcteur d'imprimerie, et employé à une réimpression de la Bible, Servet prit sur lui d'ajouter au texte des annotations que Calvin qualifia impies et impertinentes. Ce fut là l'origine de leurs relations. Une correspondance s'entama entre eux, sur le ton de l'aigreur ; leurs lettres ne furent bientôt plus qu'un

tissu d'invectives, et les deux antagonistes se vouèrent une haine irréconci-
liable, dont Servet devait être victime. Celui-ci, dans l'intention d'humilier
son rival, lui adressa une diatribe manuscrite, où il signalait une foule
d'erreurs qu'il avait remarquées dans ses œuvres. Dès lors Calvin déclara
que « si jamais cet hérétique lui tombait entre les mains, il emploierait tout
son crédit auprès des magistrats pour le perdre. » L'occasion s'en présenta.
Décrété en France pour une nouvelle publication, sous le titre de *Christia-
nismi restitutio*, Servet prit la fuite, et commit l'imprudence de passer près
de Genève pour se sauver en Italie. Averti à tems, Calvin le fit arrêter. Durant
le procès instruit à Genève, les deux adversaires eurent encore ensemble des
disputes opiniâtres, où Servet se montra inflexible dans ses opinions. Le
conseil, entièrement livré aux suggestions de Calvin, condamna l'accusé à
être brûlé vif. Cette cruelle sentence fut rendue le 26 octobre 1553, et
exécutée le lendemain, presque sous les murs de la ville. Servet soutint les
horreurs de son supplice avec un stoïcisme digne d'une meilleure cause; il
expira comme il avait vécu, sans donner le moindre signe de repentance.

(16) Page 49.

Brûler n'est pas répondre.

Mot attribué à Camille Desmoulins, lorsque Robespierre fit mettre au feu
diverses feuilles du journal le *Vieux cordelier.*

(17) Page 49.

L'intolérance dit : Je crois, donc j'ai raison

D'employer la contrainte, et tout moyen est bon,

Qui sauve, en dépit d'eux, l'impie et le rebelle.

Tel est, en effet, le raisonnement du croyant fanatique ; c'était la logique
de l'Inquisition : de-là le *Compelle intrare*, de-là ce qu'on nommait des
rigueurs salutaires.

(18) Page 50.

Il paraît innocent, s'il est persécuté.

Et c'est être innocent que d'être malheureux.

LAFONTAINE, *Élégie aux nymphes de Vaux.*

(19) Page 50.

De la noble cité Spon écrivit l'histoire.

Jacob Spon, médecin et antiquaire, n'était pas Genevois; il naquit à Lyon en

1647 ; mais on lui doit une Histoire de Genève, dont Abauzit donna, en 1730, une 2e édition, en rectifiant les erreurs qui s'y trouvaient.

(20) Page 50.

Mallet de l'Helvétie enregistra la gloire,

Mallet (Paul-Henri), né à Genève en 1730, mort en 1807, est auteur d'une Histoire des Suisses ou Helvétiens , Genève, 1803, 4 vol. in-4o; ce livre est estimé. — Mallet-Prévost (Henri), savant géographe, était le frère aîné de celui que nous venons de citer. — Mallet-Dupan (Jacques) le publiciste, était de la même famille.

(21) Page 50.

Lefort la propageait, quand ce républicain
Alla civiliser un empire lointain,

Lefort était né à Genève en 1656; ce fut en Hollande qu'il connut Pierre-le-Grand. Ce prince, trouvant en lui des facultés qui avaient de la conformité avec les siennes, le prit en amitié et l'emmena en Russie. Lefort aida puissamment le czar, et dans ses entreprises militaires, et dans les vastes projets qu'il avait conçus pour la réforme de son empire; il obtint et mérita les titres de commandant général des troupes de terre et de mer de la Russie, d'ambassadeur plénipotentiaire, de premier ministre, et mieux encore, d'ami intime du czar. Lefort mourut à Moscou en 1699; il n'était âgé que de 43 ans. Pierre Ier le pleura, et lui fit faire des obsèques magnifiques auxquelles il assista.

Thomas a fait de Lefort l'un des héros de son poème de la *Pétréide.*

(22) Page 50.

Bonnet, d'un œil perçant contemplait la nature.

Le naturaliste philosophe Bonnet était né à Genève en 1720. De ses nombreux ouvrages, consacrés à l'histoire naturelle ou à de hautes questions philosophiques, le plus célèbre est la *Contemplation de la nature,* livre écrit d'un style lucide, et où la métaphysique est à la portée de la plupart des lecteurs. On a dit de Bonnet qu'il sut populariser la science. Cet écrivain a été tour à tour accusé de matérialisme, et défendu de ce reproche : un examen impartial et approfondi de ses doctrines peut donc seul déterminer le jugement qu'on en doit porter. Une singularité chez ce naturaliste, est qu'il ne sortit jamais de son pays; il mourut en 1793, dans sa maison de campagne, au bord du lac de Genève. Saussure prononça son éloge sur sa tombe, et la magistrature alla, en corps, faire inscrire la date de sa naissance sur sa maison.

(23) Page 50.

Conquérant du Mont-Blanc, l'intrépide Saussure
Du globe interrogé trahit plus d'un secret.

Horace-Bénédict de Saussure, né à Genève le 17 février 1740, mourut en cette ville le 22 janvier 1799.

Le 8 août 1786, deux habitans de Chamouny, Paccard et Balmat, parvinrent les premiers à la cime du Mont-Blanc : Saussure les y suivit de près (le 3 août 1787), et il fut le premier naturaliste qui atteignit ce sommet, dont la hauteur, suivant lui, est de 14,700 pieds au dessus du niveau de la mer. Il a consigné un récit de cette pénible et dangereuse ascension, dans ses *Voyages dans les Alpes*, ouvrage précieux, exempt d'hypothèses et de systèmes hasardés ou vagues, véritable mine d'observations et de faits, qui sera toujours consulté avec fruit par les géologues.

(24) Page 50.

Pictet, Prévost, Deluc, et Jurine et Ducrest
Calculaient à leur tour ses divers phénomènes.

Les deux frères Deluc, les Pictet (Jean-Louis et Bénédict), Prévost, Jurine, Micheli-Ducrest, tous natifs de Genève, se sont illustrés par de précieuses découvertes dans les sciences physiques. —Micheli-Ducrest, qui le premier s'occupa de la mesure des Alpes, fit ce travail du fond de la forteresse d'Aarbourg où il fut détenu pendant dix-huit années.

Aucune ville, proportion gardée de la population, n'a produit autant d'hommes éminens que Genève. La nomenclature des Génevois célèbres serait longue. Les Tingry, les Lesage, les Huber, les Fatio, les Candolle; les Sismonde-Sismondi, les Bonstetten, les Topfer; les Petitot, les Delarive, les Calame, et tant d'autres, tiennent le rang le plus honorable dans les sciences naturelles, la littérature et les arts.

(25) Page 50.

Abauzit soumettait la science au devoir,
Et pour lui la vertu fut le premier savoir.

Abauzit (Firmin), né à Uzès en 1679, était calviniste, et lors de la révocation de l'Édit de Nantes, il se réfugia à Genève qui devint sa patrie d'adoption. Il y obtint le droit de bourgeoisie et le titre de bibliothécaire de la ville. Il mourut en 1767, à l'âge de 88 ans. Newton professait une haute estime pour la vaste érudition d'Abauzit et J.-J. Rousseau a consacré à son noble caractère un magnifique éloge (Voyez *Nouvelle Héloïse*, V^e partie, Lettre I.).

(26) Page 50.

La cité du Léman, cette moderne Athènes,
A vu naître en ses murs un nouvel Antisthènes,
Elle enfanta Rousseau, mais ce fut le seul bien
Qu'à son pays natal dut ce grand citoyen,

J.-J. Rousseau croyait être né le 4 juillet 1712; il a lui-même indiqué cette date dans une lettre du 27 juillet 1763, adressée à madame de Latour-Franqueville; mais il résulte du registre sur lequel il fut inscrit, qu'il naquit le 28 juin (Voyez l'*Histoire de la vie et des ouvrages de J.-J. Rousseau*, par M. de Musset-Pathay). Il paraîtrait que Rousseau avait pris le jour de son baptême pour celui de sa naissance.

La ville de Genève ne se montra pas favorable à Rousseau pendant sa vie; elle fit peu d'efforts pour l'attirer tant qu'il fut loin d'elle, et pour le retenir lorsqu'il eut la pensée de rentrer dans son sein. Plus attentive à ses torts qu'à sa gloire, elle le condamna, et brûla son *Émile*. Elle souffrit, enfin, qu'il errât d'exil en exil, et mourût dans le dénûment. A la vérité, quand il n'exista plus, elle donna son nom à la rue où il était né, et mit une inscription sur la porte de sa maison; mais il a fallu qu'un demi-siècle s'écoulât avant qu'une statue fût consacrée par elle à la mémoire de l'homme le plus éminent qu'elle ait produit.

On ne saurait nier ce me semble, l'analogie qui existe entre J.-J. Rousseau et Antisthènes, abstraction faite des tems et des lieux. Le philosophe athénien, élève de Socrate, exagéra les doctrines de son maître, et fut à son tour exagéré par Diogène son disciple. Fondateur de la secte des Cyniques, dont les principes furent, après lui, tournés en abus scandaleux, Antisthènes prêchait éloquemment l'unité de Dieu; il faisait consister la vertu dans le mépris des richesses et de la volupté. S'imposant de rudes privations, se montrant en public, un bâton à la main, une besace sur l'épaule, et vêtu d'un manteau déchiré, il paraissait n'avoir renoncé à tout que pour ne se gêner en rien. Il employait contre les vices une ironie amère; dans son humeur chagrine, il voyait partout le mal, et ses sarcasmes n'épargnaient ni les hommes ni les choses. A ces traits, le plus fervent admirateur de Jean-Jacques ne pourrait guères s'empêcher de le reconnaître, et de penser que par momens il donna le droit de lui répéter, pour compléter la similitude, ce que Socrate dit un jour à Antisthènes : « J'aperçois ton orgueil à travers les trous de ton manteau. »

J'aurais à m'excuser peut-être d'avoir trop souvent ramené dans mes vers et dans mes notes le nom de Rousseau, si ce nom fameux ne se trouvait lié d'une manière indissoluble à plusieurs des cantons suisses que j'ai explorés. L'ombre de ce grand homme plane, pour ainsi dire, sur le lac de Bienne, sur le Léman et sur Genève. Comment parler de ces beaux lieux, et omettre ce qui en est inséparable ?

Il est un reproche plus grave qui m'a été fait par des amis très éclairés, dont le jugement m'importe beaucoup. Ils trouvent que j'ai manifesté envers Jean-Jacques une admiration trop partiale. Je ne me crois pas coupable de cette exagération. Il faut distinguer en Rousseau l'homme et l'écrivain. C'est à ce dernier principalement que s'adressent mes louanges : sur ce point l'opinion est unanime ; à l'égard de l'homme, elle se divise, outrée en général de part et d'autre; car il est du nombre de ceux qu'on ne saurait guères aimer ni blâmer modérément; et cependant on n'est juge compétent qu'à la condition d'être modéré. Il ne m'appartient pas d'entreprendre ici la défense d'un caractère sujet à tant de controverses ; je ne pourrais que fort mal reproduire ce qui a été dit maintes fois avec éloquence. Je ferais donc l'office d'un *ignorant ami*; et puis d'ailleurs l'espace me manque. Une seule remarque : A tort ou à raison, il m'a toujours paru qu'il ne faut pas juger d'après les règles générales, certains hommes qu'un rare mérite a rendus exceptionnels.

On n'a certes point à se justifier d'être *Jean-Jacobite* — qu'on me passe cette expression inusitée.—Si j'avais à m'en excuser, voici quelle serait là-dessus ma profession de foi : Mon affection pour Jean-Jacques ne m'aveugle pas sur ses torts et ses paradoxes; mais je pense qu'il fut presque toujours de bonne foi dans ses erreurs de jugement et de conduite; il se trompa, mais sans vouloir tromper; l'influence de ses écrits est patente; elle est devenue pernicieuse, mais par des abus d'interprétation. Son ame n'alla point jusqu'à la vertu, dans la sévère acception du mot; il fut

Ami de la vertu plutôt que vertueux.

C'est à peu près ce que sont parmi nous ceux qu'on estime. Vouloir que le génie soit inaccessible aux faiblesses de l'humanité, c'est demander ce qu'il y a de plus beau en ce monde, mais aussi ce qu'il y a de plus extraordinaire.

Pour bien finir, en ce qui concerne Rousseau, voici de lui un fragment inédit que je possède écrit de sa main. La générosité d'un Génevois (M. Moultou fils) m'a gratifié de cet autographe. En le transcrivant ici, je le donne pour passe-port à mes notes, je m'assure au moins que celle-ci ne sera pas dépourvue d'intérêt.

FRAGMENT INÉDIT DE J.-J. ROUSSEAU.

« Pourquoi le sublime produit-il un si grand effet ? C'est que cette simplicité dans les grandes choses, fait supposer qu'elles sont familières à celui qui parle, et qu'elles n'ont rien pour lui d'extraordinaire. Rien n'annonce mieux une puissance infinie, que tant de facilité à faire ce qui passe l'entendement humain. L'imagination s'effraie et s'arrête, en recherchant ce qui pourrait coûter quelque effort à celui qui n'en met point à des productions aussi incompréhensibles que celle-là.

« Quoi ! faire la lumière est une opération si simple, qu'il suffit de dire tranquillement à la lumière d'être, pour qu'à l'instant la lumière soit !..

« Même simplicité dans le discours et dans l'exécution. L'auteur ni l'historien n'ont vu rien d'étonnant dans une opération que le lecteur ne peut même imaginer. Quel est donc cet ordre inconnu de puissance, dont les moindres opérations sont au-dessus de l'esprit humain; et que doit-on supposer dans celles qui lui coûteraient quelque effort ?... »

Après ceci, au bas même du feuillet, est écrit ce qui suit :

« Manez, Pharez, Tekel. Intrépidité sublime dans le spectateur qui aurait tranquillement copié ces mots sur ses tablettes. »

(27) Page 51.

A Ferney, but final de mon pélerinage,

D'un passant inconnu j'apporte l'humble hommage.

Voltaire a été considéré comme le prophète des idées libérales, et long-tems on visita Ferney avec la ferveur qui entraîne à la Mecque les sectateurs de Mahomet. Cette dévotion à Voltaire semble se refroidir de jour en jour.

Je m'abstiens de reproduire ici une note qui, dans la première édition de ce volume, était employée à décrire le château de Ferney, tel que je l'avais vu à deux reprises. Il s'est écoulé un assez long tems depuis lors; l'instabilité des propriétaires s'étend souvent aux propriétés, et je craindrais que ma description ne rappelât ces portraits d'ancêtres dont on ne peut plus vérifier la ressemblance.

(28) Page 52.

O maison d'Aristippe ! ô jardins d'Epicure !

Vers de Voltaire dans son *Épître à sa terre,* près du lac de Genève.

(29) Page 52.

Mon lac est le premier, disais-tu.

Voir l'Epitre précitée.

(30) page 52.

Poète, historien, critique, fondateur.

Les quatre mots qui forment ce vers, étaient gravés sur les quatre faces d'un petit mausolée, érigé dans le jardin de Ferney. C'est à Ferney que

Voltaire mérita bien l'épithète de fondateur, puisque, grâce à ses bienfaits, ce
qui n'était avant lui qu'un hameau, devint, dans l'espace de dix-huit années,
un bourg de quatre-vingts maisons, peuplé d'un millier d'habitans.

(31) Page 52.

Et le bien que tu fis est ton meilleur ouvrage.

J'ai voulu rappeler ici l'inscription suivante que j'ai lue sur le cénotaphe
placé dans la chambre de Voltaire, à Ferney :

J'ai fait un peu de bien, c'est mon meilleur ouvrage.

FIN DES NOTES.

POÉSIES DIVERSES.

HENRI IV

A L'ASSEMBLÉE DES NOTABLES,

A ROUEN.

(1596)

Le plus beau présent que le ciel puisse faire
aux hommes, c'est d'unir sous le diadème
le génie et la vertu.

LA HARPE, *Éloge de Henri IV*.

Henri-Quatre ! quel nom est plus cher à l'histoire ?
Nos révolutions ont respecté sa gloire ;
Elle est toute française, et le peuple attendri
Aime encore le héros de Coutras et d'Ivry.
Clio, retrace-nous sa puissance honorée
Dans la Neustrie enfin des ligueurs délivrée ;

Redis-nous à Rouen les États assemblés ,
Par les soins de Henri les peuples consolés ;
Reproduis son discours aux Notables de France ,
Digne langage empreint d'une noble espérance ,
Où, pour mieux signaler la bonté de son cœur,
Montrant le Béarnais, il cachait le vainqueur.
Assez et trop souvent, Clio, dans nos annales,
Sans doute avec regret, sur des pages fatales
Tu crayonnas les noms d'injustes conquérans,
En peignant un bon roi venge-nous des tyrans.

Henri dans les combats exercé dès l'enfance,
Par son glaive affermit les droits de sa naissance :
Le tumulte des camps, les clairons belliqueux,
Du monarque futur étaient les premiers jeux :
A Jarnac débuta sa précoce vaillance ;
Aux champs de Moncontour, sa jeune expérience
Avait déjà fait lire à de vieux généraux
Dans les yeux de l'enfant l'avenir du héros.
Au milieu des revers, par sa fermeté sage,
Du grand art de régner il fit l'apprentissage,
Par ses rares vertus sut conquérir la paix,
Et mérita le nom de Père des Français.
Cher prince, c'est ainsi que le monde te nomme !
Sous la pourpre des rois tu portas un cœur d'homme ;
Tu plaignis tes sujets en combattant contre eux,

Et tu ne les soumis que pour les rendre heureux.

On avait vu long-tems l'Église et la Sorbonne
Au monarque de droit disputer la couronne;
Le Français, abusé, pieusement cruel,
Ne voyait plus en lui qu'un ennemi du ciel;
Du Vatican jaloux l'adroite politique
Fomentait des ligueurs le zèle fanatique,
Et l'Espagnol, armé dans les murs de Paris,
De la Seine usurpait les rivages surpris;
Mais le prince guerrier affrontait en grand homme
Les armes de l'Ibère et les foudres de Rome.

En butte à la fureur des autans déchaînés,
Incessamment battu par les flots mutinés,
Un rocher sourcilleux, qu'assiégent les orages,
Debout, et de son front dominant les nuages,
Reste impassible au bruit et des vents et des flots;
Tel, de ses ennemis dédaignant les complots,
Henri, ferme et stoïque, aux traits de la vengeance
Opposait son courage et sa mâle constance.

En vain la Ligue forme un État dans l'État,
Et du peuple égaré soutenant l'attentat,
Le pontife de Rome a, dans son zèle extrême,
Contre le Béarnais fulminé l'anathème;

En vain, s'appropriant les volontés du ciel,
Le sacerdoce a mis le trône sur l'autel ;
A ces iniquités la valeur va répondre,
Un héroïque effort s'apprête à les confondre ;
Le destin de la France est aux plaines d'Ivry,
Et la Victoire y court sur les pas de Henri.

L'arbitre tout-puissant des empires qu'il fonde,
Céleste souverain des souverains du monde,
Dieu lui-même guidait de son doigt protecteur
Un prince que forma l'école du malheur.
Déjà, de l'Esprit-Saint la lumière éternelle
Répandait dans son ame une clarté nouvelle ;
Rome était satisfaite ; en France, par degrés,
Se rapprochaient les cœurs trop long-tems séparés.
D'un mémorable jour naît l'aurore brillante ;
Le ciel couronne enfin la vertu triomphante ;
La paix a remplacé le tumulte et l'effroi ;
La Ligue tombe, expire, et le grand homme est roi.

Mais bien des maux encore assiégeaient la patrie :
Des trésors de l'État la source était tarie ;
Les peuples, fatigués de combats et d'impôts,
Dans la paix avaient peine à trouver le repos.
Lorsque semblait soumise une ligue rebelle,
La soif de l'or créait une ligue nouvelle,

Et d'avides traitans au prince malheureux
Faisaient payer bien cher leur secours désastreux.
Sully, ministre sage et conseiller austère,
Des desseins de Henri fut le dépositaire,
Sully, cher à son maître, ami digne de lui,
Le protecteur du peuple et du trône l'appui.

Dans cette ville antique, où la Seine orgueilleuse
Roule avec majesté son onde impétueuse,
S'arrondit en un port, et de cent nations
Voit flotter à l'envi les divers pavillons,
Cité chère au commerce, au dieu de l'harmonie,
Où, plus tard, de Corneille apparut le génie,
Henri voulut tenir des États solennels.
Lorsque la France, en butte à des troubles cruels,
De son propre pouvoir a passé la mesure,
Quand le fiel des partis irrite sa blessure,
Cherchant en elle-même un remède à ses maux,
Elle s'abrite au sein des États-Généraux.
Ainsi des premiers rois la simple politique,
Pure dans son enfance, à la chose publique
Sans intrigue et sans art consacrant tous ses soins,
De la grande famille assurait les besoins.

Non content des lauriers que donne la victoire,
Henri-Quatre souhaite une plus douce gloire ;

Éprouvé par le sort, il connut la douleur,
Malheureux, il apprit à plaindre le malheur.
Ses triomphantes mains vont essuyer des larmes
C'est un roi paternel, qui du sein des alarmes,
A l'aide de la France appelle les Français.
Convoqués par son ordre, instruits de ses projets,
De la publique voix organes respectables,
Mandataires choisis, s'assemblent les Notables,
Et Rouen, dans ses murs, pour la première fois,
Voit de près la spendeur du trône de nos rois.
Cette noble cité, qui respirait naguère
Les homicides feux d'une fatale guerre,
Tranquille maintenant à l'ombre de la paix,
Du prince magnanime accepte les bienfaits :
Avec pompe elle admet l'élite de la France,
D'un peuple infortuné consolante espérance ;
Là siégent réunis les ordres de l'État,
Sages représentans, populaire sénat.

A ce conseil, bientôt, Henri paraît lui-même :
Sans étaler aux yeux l'orgueil du rang suprême,
Son front calme et serein exprime la bonté,
Et de ses lauriers seuls tire sa majesté :
Le reflet de son ame est peint sur son visage ;
Du bonheur de la France on y lit le présage :
Il parle, sa franchise est pleine de grandeur,

Et ce discours touchant émane de son cœur :

« Si j'étais envieux de la gloire stérile
» Que brigue un orateur à la parole habile,
» Sous un mensonge adroit cachant mes volontés,
» Je ne vous offrirais que des mots apprêtés;
» Mais, vieilli dans les camps, j'ignore l'éloquence.
» De cet art trop souvent la vérité s'offense,
» Et la simple raison fuit les dehors pompeux.
» C'est vers d'autres pensers que j'élève mes vœux :
» Le bien de mon pays est le bien où j'aspire,
» Son repos glorieux celui que je désire.
» Prince par mes aïeux, je confonds tous mes droits
» Dans le titre flatteur du meilleur de ses rois :
» Que sa fidélité devienne mon partage ,
» Les cœurs de mes sujets, voilà mon héritage.

» Déjà, grâce au Très-Haut, à ses soins protecteurs,
» Guidé par les conseils de zélés serviteurs,
» Appuyé sur le glaive, à regret homicide,
» Des preux que réunit ma noblesse intrépide,
» —Je n'en sépare point les princes de mon sang,
» Le rang de gentilhomme est notre plus beau rang —
» Déjà, dis-je, du joug qui pesait sur la France
» Mon bras sut l'affranchir : à ses jours de souffrance
» Vont succéder des jours de calme et de bonheur :

» J'en atteste ma foi, vos sermens notre honneur.
» Notables, je vous parle au nom de la patrie ;
» Écoutez par ma voix cette mère chérie ;
» Elle demande à tous l'union et l'oubli ;
» Que ce juste souhait par nous soit accompli.

» Le commerce et les arts, de retour dans nos villes,
» Ont dissipé l'horreur des discordes civiles ;
» Nos champs, que désolaient la guerre et ses dangers,
» Couverts de citoyens, sont libres d'étrangers ;
» L'abondance y renaît ; la Ligue est désarmée ;
» On a vu des combats la dernière fumée ;
» Il me faut mieux encor ; pour le roi des Français,
» La conquête des cœurs est le plus beau succès :
» Oui, je veux obtenir cette douce victoire ;
» Mes larmes dès longtems ont expié ma gloire.

» Secondez les désirs que je forme aujourd'hui ;
» Notables assemblés, prêtez-moi votre appui.
» Autrefois, les États, vendus à la puissance,
» Aidaient la royauté beaucoup plus que la France,
» Et, dans ces vains conseils, sans voix, sans libertés,
» Le monarque, obéi, dictait ses volontés ;
» Ces abus du passé ne doivent pas renaître.
» Je ne viens point ici vous commander en maître ;

» Organes des Français, vous êtes réunis
» Pour penser librement, pour donner vos avis :
» Exprimez-vous sans crainte; à vous je m'abandonne,
» Je confie à vos soins les lys et la couronne,
» Je gouverne par vous, règnez sur votre roi,
» Il veut bien s'imposer cette sévère loi :
» Satisfait d'être aimé de la France fidèle,
» Henri met sa personne et son trône en tutèle.

» Un prince rarement conçoit de tels desseins,
» Quand la victoire a mis le sceptre dans ses mains,
» Quand les hasards nombreux d'une longue conquête
» De la neige des ans ont couronné sa tête ;
» Mais l'amour de mon peuple est mon plus cher espoir ;
» Sa tendresse vaut mieux que l'absolu pouvoir,
» Et pour le délivrer du fardeau qui l'accable,
» Tout me devient aisé, tout me semble honorable. »

Tels étaient de Henri les généreux projets,
Tel était ce monarque, ami de ses sujets :
Son règne glorieux et propice à la France
D'un brillant avenir lui donnait l'assurance :
On eût vu ce héros consoler les mortels ;
On l'eût vu, de la paix relevant les autels,
Serrer des nations la chaîne fortunée.
Heure trop tard venue et trop tôt terminée !

La pâle mort, hélas ! qui compte ces instans,
Les marque de sa faulx à l'horloge du tems....

Que dis-je ? Du trépas affrontant les outrages,
Henri-le-Grand vivra jusqu'au dernier des âges,
Et son nom plus puissant que le marbre et l'airain,
Aux siècles à venir commande en souverain.

Il fut un jour prospère, un beau jour, dont l'histoire
A nos derniers neveux transmettra la mémoire :
L'art venait récemment, sur le bronze animé,
De nous rendre les traits du prince bien-aimé ;
Paris couvrit de fleurs l'image tutélaire ;
On vit, dans un élan de ferveur populaire,
Mille bras s'emparer du bronze précieux,
Et vers son piédestal, avec des cris joyeux,
Le traîner, le porter : scène patriotique
D'un monarque obtenant le triomphe civique !
Oui, ce fut un beau jour, digne tout à la fois
Et d'un peuple sensible et du meilleur des rois.

De même que, jadis, à ses dieux domestiques,
Rome avait confié ses boulevarts antiques ;
Le citoyen, auprès des lares paternels,
Paisible, s'endormait sur la foi des autels ;

Ainsi du Béarnais l'image révérée
Protége de Paris l'enceinte consacrée;
Sa présence est pour nous un gage de la paix,
Et le bon prince encor sourit à ses sujets.

NOTES.

—

(1) Page 99.

Henri-Quatre ! Quel nom est plus cher à l'histoire ?

Ce petit poème, début littéraire de ma jeunesse, fut mentionné honorablement par l'Académie de Rouen, qui avait mis cet intéressant sujet au concours.
Si depuis lors il a perdu beaucoup de son à-propos, aucun changement ne
peut faire cependant que le nom de Henri IV ne soit plus populaire en France,
et que son éloge y soit devenu un anachronisme.

(2) Page 100.

Aux champs de Moncontour, sa jeune expérience

Avait déjà fait lire à de vieux généraux

Dans les yeux de l'enfant l'avenir du héros.

« Le jeune prince brûlait d'envie de jouer des mains; mais on ne luy
permit pas de peur de hazarder sa personne... Néantmoins quant l'avant-
gardé du duc d'Anjou eust été enfoncée par celle de l'admiral, il n'y eût
point eu de danger de le laisser fondre sur la bataille qui estait fort estonnée.
Toutesfois on l'en empescha, et il s'écria alors: *Nous perdons nostre
advantage, et la bataille par consequent.* Cela arriva comme il l'avait
préveû, et on jugea dès l'heure qu'un jeune homme de seize ans avait plus de
lumières que les vieux routiers. » (PÉRÉFIXE, *Hist. de Henri-le-Grand*).

(3) Page 104.

Malheureux, il apprit à plaindre le malheur.

Non ignara mali, miseris succurrere disco.

VIRG., *Eneid.*, lib. 1.

(4) Page 104.

Et Rouen, dans ses murs, pour la première fois,
Voit de près la splendeur du trône de nos rois.

« La presence du roy estait necessaire en Normandie et aux frontières de Picardie, tant à cause du voisinage des eunemis, et de la crainte qu'il auait que les Anglais ne s'emparassent de ses ports, que de quelques ménées qu'il apprehendoit en ces pays là, luy ayant esté rapporté par gens qui luy vouloient faire peur qu'il se parloit de creer un duc de Normandie : à cause de quoy ne pouuant pas d'ailleurs tenir cet abregé d'estats à Paris, pource que la peste l'en auait chassé, il l'assigna à Roüen, sans avoir égard à ce que quelques vns luy remonstroient que pareilles assemblées n'auaient pas accoustumé de se tenir hors le ressort du parlement de Paris. » (Mézeray, *Hist. de France.*)

(5) Page 104.

Là siégent réunis les ordres de l'État,
Sages représentans, populaire sénat.

« Afin que cette assemblée fust entièrement plausible, et que les resolutions qui s'y prendroient passassent plus facilement dans l'approbation des peuples, il deferá la nomination de ceux qui y deuaient assister à leurs compagnies, sans en affecter ny désigner pas vn. » (Id. *ut sup.*)

(6) Page 105.

Et ce discours touchant émane de son cœur.

Le discours de Henri aux notables est rapporté par Mézeray et les Mémoires de Sully, à peu près dans les mêmes termes que par Péréfixe ; De Thou et d'autres auteurs y admettent quelques différences. Le voici tel que Péréfixe nous l'a transmis.

« Si je faisois gloire de passer pour un excellent orateur, j'aurois apporté icy plus de belles paroles que de bonnes voíontez ; mais mon ambition tend à quelque chose de plus haut que de bien parler ; j'aspire aux glorieux titres de libérateur et de restaurateur de la France. Desia par la faueur du ciel, par les conseils de mes fideles seruiteurs, et par l'épée de ma braue et genereuse noblesse (de laquelle je ne distingue point mes princes, la qualité de gentil-homme estant le plus beau titre que nous possédions), je l'ai tirée de la seruitude et de la ruine. Je desire maintenant la remettre en sa première force et en son ancienne splendeur. Participez, mes subjets, à cette seconde gloire, comme vous auez participé à la première. Je ne vous ai point icy appelez, comme faisoient mes predecesseurs, pour vous obliger d'approuuer aueuglement mes volontez ; je vous ay fait assembler pour receuoir vos conseils, pour les croire, pour les suiure, bref, pour me mettre en tutelle entre vos mains. C'est un envie qui ne prend guere aux roys, aux barbes grises, et aux victorieux comme moy : mais l'amour violente que je porte à mes subjets, et l'extrême desir que j'ai de conseruer mon estat, me font trouuer tout facile et tout honorable. »

Il était bien difficile, impossible peut-être, dans une traduction poétique, nécessairement paraphrasée, de conserver à cette harangue sa naïve concision. L'essentiel devait être qu'on y retrouvât la teinte chevaleresque qui la caractérise, et que les traits principaux y fussent reproduits avec quelque fidélité.

(7) Page 105.

Si j'étais envieux de la gloire stérile

Que brigue un orateur à la parole habile.....

A propos du mot *orateur* qui se trouve au commencement de la harangue, Mézeray prétend que Henri IV *touchait* par là de son prédécesseur, qui avait plus soin de bien dire que de bien faire.

(8) Page 105.

Prince par mes aïeux, je confonds tous mes droits

Dans le titre flatteur du meilleur de ses rois

Ceci fait allusion à des paroles de Henri IV, qui ne me semblent pas avoir été relatées par les historiens. Elles étaient gravées sur le piédestal d'une statue de ce prince, qui ornait autrefois l'une des places publiques de Rouen. Voici l'inscription : « Soyez-moi bons subjets, comme je veux vous être bon roy, et le meilleur qu'oneques ayez eu. »

(9) Page 105.

(Je n'en sépare point les princes de mon sang,

Le rang de gentilhomme est notre plus beau rang.)

Tout le monde sait que Henri se plaisait à dire *qu'il était le premier gentilhomme de son royaume.*

(10) Page 107.

Quand les hasards nombreux d'une longue conquête

De la neige des ans ont couronné sa tête.

Henri commença à grisonner dès l'âge de trente-cinq ans. Il avait coutume de dire à ce sujet : *C'est le vent de mes adversités qui a donné là.*

(11) Page 107.

« Tout me devient aisé, tout me semble honorable. »

L'Assemblée des notables, que Mézeray nomme un abrégé d'états, ne fit pas, en faveur de la nation, et même du roi, tous les efforts que réclamaient les circonstances. On lui peut faire l'application des vers de Voltaire au sujet des états de Blois.

> *Peut-être on vous a dit quels furent ces états :*
> *On proposa des lois qu'on n'exécuta pas ;*
> *De mille députés l'éloquence stérile*
> *Y fit de nos abus un détail inutile ;*
> *Car, de tant de conseils l'effet le plus commun*
> *Est de voir tous les maux, sans en soulager un.*
>
> (HENRIADE, ch. III.)

(12) Page 107.

On l'eût vu, de la paix relevant les autels,

Serrer des nations la chaîne fortunée.

Henri IV conçut-il le dessein de paix perpétuelle, ou de république chrétienne qu'on lui a attribué ? Cela reste douteux. En tout état de cause, la pensée, plus ou moins chimérique, de fixer l'équilibre de l'Europe, était assurément digne d'un grand cœur tel que le sien.

(13) Page 107.

Heure trop tard venue, et trop tôt terminée !

Henri-le-Grand avait le pressentiment de sa fin tragique : Sully lui avait entendu dire plusieurs fois : *mon ami, ils me tueront.* Il fut assassiné par Ravaillac le 14 mai 1610 ; vingt ans auparavant, le 14 mars 1590, il avait gagné la bataille d'Ivry.

(14) Page 108.

On vit, dans un élan de ferveur populaire,
Mille bras s'emparer du bronze précieux,
Et sur son piédestal, avec des cris joyeux,
Le traîner, le porter.

L'histoire mentionnera, et la poésie ne saurait oublier l'enthousiasme avec lequel les Parisiens traînèrent la statue de Henri IV ; ce fut une scène vivement caractéristique.

Un rapprochement digne de remarque, c'est qu'une statue équestre de Henri IV avait été placée sur le Pont-Neuf en 1614, et qu'une autre y fut décrétée en 1814, précisément deux cents ans après. La première de ces statues avait été fondue en Italie par Jean de Bologne : le navire qui l'apportait en France échoua sur les côtes, près du Havre : on eut beaucoup de peine à la retirer de la vase. Cette statue fut, au reste, le premier monument de ce genre qu'on érigea dans Paris.

VINGT ODES

TRADUITES D'HORACE.

I

AU VAISSEAU DE VIRGILE.

Que la déesse d'Idalie,
Que les frères d'Hélène, astres purs et charmans,
Te guident sur l'onde assouplie ;
Qu'Éole, en ta faveur, enchaine tous les vents,
Excepté celui d'Apulie,
O toi, navire, à qui j'ai confié
Le cher dépôt de l'amitié !
Tu réponds de Virgile ; écoute ma supplique,

Remets-le plein de vie aux rives de l'Attique,
   Et de moi-même épargne la moitié.

Il eut un triple bronze autour d'un cœur de chêne,
   Celui qui sur la mer lointaine
Exposa, le premier, de fragiles vaisseaux ;
Il défia le choc des aquilons terribles,
Les astres ennemis, effroi des matelots,
   Et le notus, dominateur des flots,
Qui les rend, à son gré, furieux ou paisibles.

   La mort n'avait plus rien d'affreux
   Pour ce nocher aventureux,
   Qui contempla sans épouvante
Les monstres bondissant sur la vague écumante,
Et les rocs de l'Épire, écueils si dangereux.

   En vain les dieux ont séparé les mondes,
   En vain leur sage volonté
   Interposa l'immensité des ondes,
L'orageux océan par l'homme est affronté.

   La race humaine, en sa témérité,
   Aspire à tout, brave toute défense :
   Du fils de Japet l'insolence
Ravit le feu du ciel avec impiété.

Sitôt commis le sacrilége,
De maux inusités un funèbre cortége
                    Apparut ici-bas ;
Partout se fit sentir leur atteinte brûlante,
Et la mort, dont la marche autrefois était lente,
                    Précipita ses pas.

                    Dédale, d'un vol intrépide,
Sur des ailes d'emprunt s'est frayé dans les airs
                    Une route inconnue ; Alcide
                    A pénétré jusqu'aux Enfers.

Plus d'obstacle pour l'homme, il n'est plus rien qu'il n'ose ;
                    Nous attaquons même les cieux ;
                    Notre cœur criminel s'oppose
                    A ce que la foudre repose
                    Dans la main du maître des dieux.

A PYRRHA.

Quel est, Pyrrha, ce tendre adolescent,
Imprégné d'essence odorante,
Qui dans une grotte riante
Et sur un lit de fleurs vous possède à présent?
Négligemment, mais avec goût parée,
Dites, pour qui rajustez-vous
Votre chevelure dorée?

Oh! que de fois des dieux jaloux
Et des sermens trahis on l'entendra se plaindre,
Comme il s'étonnera, dans sa naïveté,
De l'orage imprévu qui bientôt doit l'atteindre,

Cet imprudent, plein de sécurité,
Crédule possesseur du trésor qui l'enchante!
Il vous voit toute à lui, pour lui toujours charmante;
        Il ne sait pas, novice enfant,
        Prévoir les caprices du vent.
        Par votre beauté séduisante
        Bien malheureux l'amant trompé!
        Pour moi, non sans peine échappé
        Au danger des ondes perfides,
        En mémoire de mes revers,
        Dans le temple du dieu des mers
        J'ai suspendu mes vêtemens humides.

III

A UN JEUNE AMI.

Du Soracte glacé vois la cime chenue,
Les arbres s'affaissant sous le poids des frimas,
Et la course des eaux par l'hiver suspendue.
Mets au foyer du bois, ne nous l'épargne pas;
Qu'un brasier bien nourri tempère la froidure;
Surtout, ami, surtout fais couler sans mesure
De son urne sabine un bon vin de quatre ans.
Aux arbitres du monde abandonne le reste;
Ils calmeront la mer, apaiseront les vents,
Et nous ne verrons plus la tempête funeste
Agiter les ormeaux, incliner les cyprès.
Eloigne tout désir de connaître d'avance

Le sort du lendemain; jouis en assurance
Des jours que t'ont gardés les éternels décrets.
Que les amours joyeux, que le chant et la danse
Par toi, si jeune encor, ne soient pas dédaignés;
Les soucis du vieil âge, ami, sont éloignés.
Au tien, le Champ-de-Mars et les places publiques;
Au tien, les rendez-vous, le soir, sous les portiques,
Des secrets entretiens le murmure charmant,
Le rire, trahissant une jeune maîtresse,
Qui dans un coin obscur se cache vainement;
Pour toi le gage heureux, ravi par la tendresse
A des bras, à des mains luttant avec mollesse.

IV

A LEUCONOE.

Leuconoé, tu chercherais en vain
Le terme de mes jours et la fin de ton être ;
    Ne consulte pas le devin
    Sur ce que nul ne peut connaître.

    A notre sort il vaut bien mieux
    Nous soumettre, soit que les dieux
    Nous gardent encor des années,
Soit qu'à cet hiver même, où les flots courroucés
Se fatiguent sans fin sur les rocs entassés,
    Ils aient borné nos destinées.

Ecoute la raison ; prends soin de notre vin ;
Resserre tes désirs dans un étroit espace :
Tandis que nous parlons, ma chère, le temps passe ;
Cueille la fleur du jour sans croire au lendemain.

V

A LA RÉPUBLIQUE.

Tu vas donc à la mer perfide
Confier de nouveau ton sort,
O vaisseau ! quelle erreur te guide !
Reste plutôt tranquille au port.

Ne vois-tu pas tes flancs tout dégarnis de rames,
Et ton mat mutilé par le vent africain ?
Tes vergues ont fléchi ; privé d'agrès, en vain
Tu prétendrais lutter contre l'effort des lames.

Tes voiles tombent en lambeaux ;
Pour toi, dans des périls nouveaux,
Plus de protection divine :
Noble fils d'antiques forêts,
A tort, hélas ! tu vanterais
Ton beau nom et ton origine.

De la poupe les ornemens
Au pilote effrayé rendront-ils sa constance?
Prends garde, cher vaisseau, sinon ton imprudence
Te rendra le jouet des vents.

O toi, pour qui j'ai l'ame atteinte
De sollicitude et de crainte,
Objet constant de tous mes vœux,
Evite ces ondes émues,
Où les cyclades répandues
Font briller leurs écueils nombreux.

VI

A MÉCÈNE.

INVITATION A UN REPAS.

Dans une coupe vulgaire,
Chez moi vous boirez un vin
Natif du pays sabin :
Il n'est que trop ordinaire,
Pourtant je l'ai renfermé
Moi-même dans une amphore
Qui gardait le goût encore
D'un bon vin grec parfumé.

Or, je fis cela, Mécène,
En ce jour où les Romains,

Pour vous, aux jeux de la scène,
Battirent si fort des mains,
Que du Tibre le rivage,
Du Vatican les coteaux,
Multipliaient cet hommage
Répété par leurs échos.

Vous avez des vins plus dignes,
Produits excellens des vignes
De Cécube et de Calès,
Que pour vous on foule exprès :
De ces collines amies
Je ne tire pas mon vin,
On n'y sent point le raisin
De Falerne ou de Formies.

VII

A VIRGILE.

Pourquoi rougirions-nous de regretter sans cesse
Un ami si parfait! Inspire ma tristesse,
O Melpomène , toi qui du père des dieux
As reçu le pouvoir d'un chant mélodieux !

    C'en est fait, la parque insensible
Plonge Quintilius dans l'éternel sommeil!
Honneur, sincérité, justice incorruptible,
    Quand trouverez-vous son pareil?

Pleuré des gens de bien, Quintilius succombe;
Qui, plus que toi, Virgile, arrosera sa tombe
          Des pleurs de l'amitié?
Hélas! ton cœur pieux vainement le rappelle,
Les dieux ne l'avaient pas à ce cœur si fidèle
          Pour toujours confié.

          Ta voix eût-elle plus de grace
          Que les accens du chantre de la Thrace,
Écoutés autrefois par les chênes émus,
Ce charme serait nul pour ranimer une ombre
          Déjà mêlée à ce troupeau confus
Que Mercure conduit vers la demeure sombre :
          Sourd à nos vœux, le messager divin
          N'élude pas les arrêts du destin.

          Au mal qui n'a point de remède,
          Et que l'on ne peut éloigner,
          La patience vient en aide,
          Elle apprend à se résigner.

VIII

A DELLIUS.

Au milieu des revers que le sort vous envoie
Montrez une ame ferme, et quand vient à son tour
Le bonheur, gardez-vous d'une indiscrète joie;
Dellius, Dellius, il faut mourir un jour.

Vous mourrez, que la peine ait troublé votre vie,
Ou que, sur le gazon, parmi de doux loisirs,
Tenant de vieux falerne une coupe remplie,
Vous ayez savouré de nonchalans plaisirs.

Dans vos jardins, où l'orme, où le chêne superbe
Se plaisent à mêler leurs ombrages amis,
Au bord de ce ruisseau qui murmure sous l'herbe,
Et semble avec regret quitter des lieux chéris,

Faites porter des fleurs, hélas! trop passagères ;
Des roses, des parfums et des vins généreux ;
Vous êtes jeune, riche, et des Parques sévères
Le noir fuseau vous file encor des jours heureux.

Il faudra renoncer à votre beau domaine ;
Ce palais, ces jardins, par le Tibre arrosés,
Vous leur direz adieu ; vos héritiers sans peine
Viendront jouir des biens par vous thésaurisés.

Qu'on soit d'antique race, et qu'on ait l'opulence,
Ou bien que, misérable, et d'un sang plébéien,
On termine en plein air sa pénible existence,
Il n'importe à la mort qui ne respecte rien.

Nous sommes tous poussés par une main fatale ;
Dans l'urne du destin est chaque nom mortel,
Il en sort tôt ou tard, et la barque infernale
Nous mène à notre tour vers l'exil éternel.

IX

A SEPTIME.

Tu me suivrais au fond de l'Ibérie,
Ou sur les monts du Cantabre insoumis,
Même au milieu des sables ennemis,
Mouvans écueils où bouillonne en furie
L'onde africaine. Ami, fassent les dieux
Que de Tibur la colonie antique
Soit de mes maux le terme pacifique,
Et mon abri, lorsque, devenu vieux,
Je serai las désormais de la guerre,
Las de courir et sur mer et sur terre !
Que si Tibur ne peut m'être permis,
J'irai chercher les rives du Galèse,

Ces prés si chers aux laineuses brebis,
Ces champs heureux que posséda jadis
Le grec Phalante : il n'est rien qui me plaise,
Nulle retraite aimable, à mon avis,
Comme ces lieux, modeste coin du monde.
Là se recueille un miel pur, doux rival
Du miel d'Hymète, et la terre féconde,
Comme à Vénafre, en olives abonde;
Un long printems y brille sans égal,
Et Jupiter y donne un hiver tiède :
Le vin d'Aulon de Bacchus est chéri;
De ce nectar le goût en rien ne cède
Au vin fameux à Falerne mûri.
Là nous réclame un agréable asile,
Là nous attend l'existence tranquille;
Et quand un jour, dans la mort endormi,
Au sombre empire il me faudra descendre,
Fidèlement pieux envers ma cendre,
Tu donneras des pleurs à ton ami.

X

A LICINIUS MURENA.

Licinius, pour vivre en sage,
Ne bravez pas les flots lointains,
Et dans la crainte du naufrage,
Parmi les écueils du rivage
Ne hasardez pas vos destins.

Tout homme sensé qui désire
La médiocrité, ce bien de l'âge d'or,
Sous un toit indigent ne voit rien qui l'attire,
Un palais envié lui convient moins encor
Pour l'état auquel il aspire.

Le vaste cèdre est plus souvent
Courbé par la force du vent,
Avec plus de fracas tombe une tour altière,
Et plus près des céleste feux,
La cime du mont sourcilleux
En subit l'atteinte première.

Un cœur bien affermi ne craint pas les revers,
Dans l'infortune il garde l'espérance,
Dans le bonheur la prévoyance :
Le même dieu ramène et chasse les hivers.

Malheureux maintenant, on ne l'est pas sans cesse :
A la Muse muette, en butte à la tristesse,
Apollon veut enfin que le chant soit rendu,
Et ce dieu ne tient pas son arc toujours tendu.

Au milieu de l'orage armez-vous de constance,
Et si le vent souffle trop fort,
Serrez la voile avec prudence
Pour entrer sûrement au port.

XI

A QUINCTIUS HIRPINUS.

Laisse-là, Quinctius, le Cantabre et le Scythe :
Qu'importent les desseins que leur fureur médite,
La mer nous en sépare; à quoi bon tourmenter
Nos jours, qui de si peu doivent se contenter?

De mes traits et des tiens s'efface la jeunesse;
Notre vigueur s'enfuit, la grace nous délaisse;
Les rides, c'en est fait, éloignent pour toujours
Le facile sommeil et les joyeux amours.

On voit pâlir l'éclat de la fleur printanière ;
Phébé ne brille pas d'une égale lumière ;
Nous convient-il, à nous, misérables mortels,
De former ici-bas des projets éternels?

Ah ! plutôt, mollement couchés sous ce platane,
Savourons à loisir les parfums d'Ecbatane ;
Sous des tresses de fleurs cachant nos cheveux gris,
Buvons, Bacchus, crois-moi, dissipe les soucis.

Esclaves, déployez du zèle ;
Au courant du ruisseau voisin
Faites rafraîchir notre vin.
Il nous faut Lydé ; que chez elle
On aille l'avertir soudain :
Qu'un de vous décide la belle
A venir ici promptement,
Avec sa lyre, et simplement,
Sans apprêt, le front sans couronne,
Ses cheveux formant ce lien
Que font et si vite et si bien
Les filles de Lacédémone.

XII

A POSTHUME.

Vois s'écouler nos ans rapides,
Posthume, cher Posthume, hélas !
Nos prières n'arrêtent pas
L'âge qui vient avec ses rides,
La mort qui s'avance à grands pas.

Trois cents taureaux par jour offerts en sacrifice
Ne sauraient apaiser le maître des enfers,
Inexorable dieu, qui retient les pervers
     Punis de l'éternel supplice
     Dans ces ondes que tour-à-tour
     Doivent traverser tous les hommes,
     Là même où, tous tant que nous sommes,
Princes ou laboureurs, nous irons sans retour.

Vainement fuirons-nous Bellone,
La mer et ses flots en courroux,
Vainement éviterons-nous
Le vent nuisible de l'automne,
De près enfin il faudra voir
Le noir Cocyte aux eaux stagnantes,
Et les Danaïdes sanglantes,
Et Sisyphe et son désespoir.

Au monde, à ta maison, à ton épouse chère
     Tu feras tes adieux ;
De tant d'arbres aimés possesseur éphémère,
Tu n'auras plus un jour que l'ombre funéraire
     Du cyprès odieux.

Moins économe, dans sa joie,
Un héritier fera sa proie
De ton cécube parfumé,
Sous cent clés long-tems enfermé,
Il remplira sa coupe avide ;
Le pavé sera tout humide
De ce nectar délicieux
Qu'il eût fallu garder pour les fêtes des dieux.

XIII

CONTRE LE LUXE DES ROMAINS.

Les palais fastueux envahissent les champs,
Et le sol manquera bientôt à la charrue;
On voit creuser partout de spacieux étangs,
Qui vont du lac Lucrin surpasser l'étendue.

Où la vigne à l'ormeau mariait ses festons
On aura le platane aux rameaux inféconds;
Là même où l'olivier donnait des fruits utiles
  A son fortuné possesseur,
La rose, le jasmin, mille autres fleurs stériles
  Offriront une vaine odeur,

Et des lauriers l'épais feuillage
De l'été trop ardent amortira l'outrage.

De Romulus on néglige les lois,
Et de Caton les avis salutaires ;
Nous sommes loin de nos mœurs d'autrefois ;
Nous oublions l'exemple de nos pères.

Modique était le bien de nos aïeux,
Puissante et riche était la République ;
Nul citoyen n'érigeait un portique
Pour s'abriter du soleil radieux.

On n'eût pas méprisé le toit de l'indigence ;
Les généreuses lois qui prenaient sa défense,
Ordonnaient à tout prix de riches ornemens
Pour les autels des dieux et pour les monumens.

XIV

A GROSPHUS.

Quand le ciel est voilé par un sombre nuage,
De la mer en courroux quand s'agitent les flots,
Le pauvre nautonnier, qui redoute l'orage,
   Implore le repos.

Le repos ! En tous lieux, Grosphus, on le demande ;
C'est le vœu du guerrier fatigué des combats :
Le repos ! à prix d'or en vain on le marchande,
   Il ne s'achète pas.

Il n'est point de puissance, il n'est point de fortune
Qui rende aux cœurs flétris l'innocence et la paix,
Qui dissipe les maux dont la foule importune
           Assiége les palais.

Sans peine il est heureux celui qui sur sa table
Respecte l'humble vase aimé de ses aïeux ;
Chaque soir de sa vie un sommeil délectable
           Vient lui fermer les yeux.

Pourquoi tant de projets, et ce désir extrême
D'aller sous d'autres cieux distraire ses ennuis ?
A quoi bon s'exiler ? Peut-on se fuir soi-même
           En fuyant son pays ?

L'ennui sur le navire en mer nous accompagne ;
Il se retrouve à terre, et va nous poursuivant,
Plus léger que le cerf lancé dans la campagne,
           Plus léger que le vent.

Si le sort favorable aujourd'hui nous seconde,
N'allons pas au-delà par un vœu superflu,
Acceptons les revers ; nul n'obtient en ce monde
           Un bonheur absolu.

Achille succomba dans la fleur de son âge ;
Longuement, sans mourir , Tithon languit usé :
Peut-être le destin me garde un avantage
       Qu'il t'aura refusé.

Cent génisses, paissant dans ton vaste domaine ,
Y remplissent les airs de leurs mugissemens,
Et de riches tissus de la plus fine laine
       Forment tes vêtemens.

Moi , je possède un champ de petite mesure ,
Un peu de verve, un luth parfois mélodieux ,
Et le droit d'opposer le mépris à l'injure
       Du vulgaire envieux.

XV

DIALOGUE.

HORACE.

Tant que je fus aimé de toi ,
Avant que mon rival, trop sûr de sa victoire ,
Eût osé de son bras presser ton cou d'ivoire ,
J'ai vécu plus heureux qu'un roi.

LYDIE.

Tant que dans ton perfide cœur
Chloé n'avait pas pris la place de Lydie ,
Des Romaines j'étais la plus enorgueillie ,
Nulle n'égalait mon bonheur.

HORACE.

C'est à Chloé que j'appartiens ;
Sa lyre me séduit, sa douce voix m'enchante ;
Je donnerais mes jours si la parque indulgente
         A ce prix épargnait les siens.

LYDIE.

Calaïs m'aime, et j'en conviens ,
Je l'aime, et je chéris le nœud qui nous enchaîne ;
Pour prolonger ses jours, à la parque, sans peine,
         Deux fois je donnerais les miens.

HORACE.

Mais si, ramené sous tes lois,
Je te rendais mon cœur ; pour ma première amie
Si je quittais Chloé ; si j'ouvrais à Lydie
         Ma demeure comme autrefois ?....

LYDIE.

Calaïs est jeune, il est beau,
Je te connais volage, irritable à l'extrême ;
Eh bien ! je veux pourtant vivre avec toi que j'aime,
         Que j'aimerai jusqu'au tombeau.

XVI

A LA FONTAINE DE BANDUSIE.

Fontaine cristalline, ô chère Bandusie,
Bien digne d'un tribut de fleurs et d'ambroisie !
    Je veux demain t'immoler un chevreau :
    Tout fier déjà de ses cornes naissantes,
    Ce rejeton du bondissant troupeau
A d'amoureux ébats, à des luttes puissantes
Fut en vain destiné ; ses dépouilles sanglantes
Demain rougiront l'herbe où s'écoule ton eau.

    Le souffle de la canicule,
    Ce vent qui dessèche, qui brûle,
    Jusqu'à toi ne parvient jamais :

Tu donnes au taureau qué la fatigue altère,
A la brebis plaintive une onde salutaire,
Le repos les attend dans ton asile frais.

Par moi tu deviendras une illustre fontaine ;
Je veux célébrer ton vieux chêne,
Étendant ses rameaux touffus
Sur les rocs caverneux, d'où tes eaux vers la plaine
Roulent avec un bruit confus.

XVII

LE POÈTE A SON AMPHORE.

Amphore, qui fus remplie
Quand je commençai ma vie
Sous le consul Manlius,
Soit que ton précieux jus
Recèle une douce ivresse,
L'enjoûment ou la tristesse,
Les amours désordonnés,
Ou les songes fortunés,
O mon Amphore ! Qu'importe
La noble date que porte
Le Massique parfumé

Que ton flanc tient enfermé?
Digne de ce jour de fête,
Viens, Corvinus le souhaite,
Viens, Amphore, verse-nous
Ton nectar épais et doux.
Quoique disciple sincère
De Socrate le divin,
Corvinus n'est pas sévère
Jusqu'à dédaigner le vin :
Cette liqueur salutaire
Souvent réchauffa, dit-on,
La vertu du vieux Caton.

Maint caractère sauvage
Cède à tes heureux effets,
Joyeux Bacchus, du plus sage
Tu dévoiles les projets,
Les peines et les secrets;
Tu sais rendre l'espérance,
La force aux cœurs abattus;
Tu donnes de l'assurance
Au faible qui ne craint plus
Ni des maîtres de la terre
Le courroux parfois sanglant,
Ni le soldat insolent
Dans son appareil de guerre.

Que la riante Vénus,
Que les Grâces adorables,
Sœurs toujours inséparables,
Se joignent à toi, Bacchus,
Et que la clarté plus vive
Des flambeaux que l'on active,
Illumine mon réduit,
Jusqu'au moment où l'aurore
Viendra dissiper encore
Le cortége de la nuit.

XVIII

INVITATION A VIRGILE.

Précurseurs du printems, déjà les vents de Thrace
    Ont de la mer aplani la surface,
Ils enflent mollement les voiles des vaisseaux ;
On ne voit plus les prés durcis par la gelée,
    Du fleuve on n'entend plus les eaux
Roulant avec fracas la glace accumulée.

En préparant son nid, la plaintive Progné
    Pleure d'Itys le sort infortuné ;
      Progné, fatale à sa famille,
      Et qui, jadis, cruelle fille,
A puni d'un tyran l'amour désordonné.

Étendu sur l'herbe nouvelle,
Au milieu des grasses brebis,
Le pâtre à sa flûte fidèle
Redemande ces airs chéris,
Dont la champêtre mélodie
Plaît au protecteur des troupeaux,
Au dieu Pan, qui de l'Arcadie
Aime les bois et les coteaux.

La saison devient chaude, et la soif nous oppresse :
Client de la jeune noblesse,
Virgile, toi, l'un de ses favoris,
Désires-tu boire à ma table
Des pressoirs de Calès un produit délectable,
Apporte-moi du nard, mon vin est à ce prix.

Pour le moindre flacon je t'annonce une amphore,
Qui se conserve pleine encore
Dans les celliers Sulpiciens ;
Elle te versera l'espoir de nouveaux biens,
A son riant aspect le chagrin s'évapore.

Muni de ton écot,
Si l'offre peut te plaire,
Ami, viens aussitôt,
Viens, mais, sans un salaire,

Tu prétendras en vain
Qu'on te verse mon vin,
Comme fait la richesse,
Dans la vive allégresse
D'un somptueux festin.

Allons, trève au calcul, tourment de notre vie !
Songe que du trépas elle est bientôt suivie ;
Tandis que le plaisir est encor de saison,
Mêlons à la sagesse une courte folie ;
Il est doux, par momens, d'égarer sa raison.

XIX

LA VIE CHAMPÊTRE.

ÉPODE.

« Heureux qui, dégagé du souci des affaires,
A l'abri désormais d'un vil amour du gain,
Exempt d'ambition, comme nos premiers pères,
Lui-même fait valoir ses champs héréditaires !
Le clairon belliqueux pour lui résonne en vain ;
Il ne craint pas les flots de la mer en furie ;
Il échappe au Forum ; il évite le seuil
Des palais où le riche étale son orgueil.

» Au tronc du peuplier par momens il marie

Les festons de la vigne, et la serpe à la main,
Supprimant des rameaux de produit incertain,
Il greffe un rejeton qui deviendra fertile ;
Tantôt il suit de loin, d'un regard complaisant,
Dans le creux du vallon son troupeau mugissant ;
Quelquefois il dépose un miel pur dans l'argile,
Ou fait à ses brebis enlever leur toison.

» Lorsque dans nos vergers la riante Pomone
Revient, le front orné des présens de l'automne,
Il cueille avec plaisir les fruits de la saison,
Et la pomme vermeille et la poire fondante ;
Aux dieux gardiens du sol et tuteurs des jardins
Il aime à consacrer la pourpre des raisins.

» Abrité par un chêne à l'ombre bienfaisante,
Sur un épais gazon savourant le repos,
Il entend dans les bois la fauvette qui chante,
Au milieu des rochers la cascade grondante,
Près de lui, la fontaine aux murmurantes eaux,
Doux bruits, qui du sommeil sont les heureux présages.

» Cependant, quand le dieu qui préside aux orages
Ramène de nouveau l'hiver et les frimas,
Le campagnard, suivi de sa meute intrépide,
Pousse le sanglier vers le piége perfide ;

D'autres fois il surprend dans de plus faibles lacs
Ou la grive gloutonne, ou le lièvre timide ;
La grue, à son passage, y succombe à son tour.
Passe-tems de la chasse, avec vous, de l'amour
Qui n'oublirait le trouble et les inquiétudes ?

» Quand une chaste épouse aux enfans, au logis
Donne sa part de zèle et de sollicitude ;
Comme la femme aux traits par le soleil rougis
Du robuste Sabin, ou du Samnite agile,
Lorsque, pour son époux, qui rentrera lassé,
Elle arrange au foyer du bois sec entassé ;
Soulageant des brebis la mamelle docile,
Dès qu'elle a sous la claie enfermé le troupeau,
Du tonneau favori tiré le vin nouveau,
Et préparé des mets sans art et sans dépense,
Convive satisfait d'un champêtre festin,
Je convoiterais peu les huîtres du Lucrin,
Le sarget délicat, ou le turbot immense
Que les flots d'orient déversent dans nos flots :
Non, le faisan d'Afrique et le paon d'Ionie
Ne me plairaient pas mieux que l'olive cueillie,
En choisissant sur l'arbre, à ses meilleurs rameaux,
Que l'oseille des prés et la mauve propice,
Qu'un bel agneau sauvé de la fureur des loups,
Et dans un jour de fête offert en sacrifice.

» Au milieu du repas, pour le maître il est doux
De voir, vers le bercail, et la mamelle pleine,
Les brebis revenir, et le bœuf harassé,
Qui, pesant et tardif, traîne un soc renversé,
Tandis que les valets, richesse du domaine,
A l'entour du foyer font un cercle pressé. »

D'Alfius l'usurier tel était le langage,
Il allait, à l'en croire, habiter un village ;
Notre homme a fait rentrer tous ses fonds récemment,
Il cherche de nouveau quelque bon placement.

XX.

AU PEUPLE ROMAIN.

ÉPODE.

Où courez-vous, cruels? dans vos mains parricides
    Pourquoi le glaive menaçant?
Pensez-vous que la terre et la mer homicides
    Aient bu trop peu de votre sang?

Encor s'il eût coulé pour détruire Carthage,
    Et dompter son peuple jaloux,
Ou pour que le Breton, de son lointain rivage
    Fût conduit captif parmi nous!

Mais non, il fut versé, selon le vœu de haine
    Qu'a formé le Parthe inhumain,
Afin de lui montrer la cité souveraine
    S'immolant de sa propre main.

Les lions et les loups sont d'humeur moins sauvage;
    Romains, êtes-vous possédés
Par la fatalité, par une aveugle rage,
    Ou par le crime?... Répondez,

Répondez?... A ces mots, les malheureux pâlissent,
    Ils me regardent tout surpris;
Vainement j'interroge, ils se taisent, frémissent,
    La stupeur glace leurs esprits.

Je le vois, le destin, pour les Romains sévère,
    Punit un meurtre détesté,
Et le sang de Rémus, répandu par son frère,
    S'étend sur leur postérité.

DOUZE ÉPITRES.

I

A M. PIERRE GUÉRIN,

PEINTRE D'HISTOIRE.

Rome, Villa Médicis.

Des rimes en ces lieux ! Et pour vous ! et de moi !
L'entreprise, Guérin, me cause un peu d'effroi :
Secrétaire, devrais-je, abusant de mon titre,
Me fatiguer l'esprit à polir une Épître,
Au lieu d'écrire en paix, pour mes émolumens,
Une dépêche, un compte, ou des émargemens,

Nécessaires travaux que peut-être j'oublie (1)?
Si j'écoute d'ailleurs la critique impolie,
Le vers français dans Rome est bien aventureux.
Un lecteur, en effet, moins bon, moins généreux,
Me pourrait opposer, riant de mon audace,
Que j'ai non loin de moi la colline d'Horace,
Tibur, d'où ce poète au style harmonieux
Écrivait à Mécène en vers dignes des dieux.

Ici, dans une enceinte aux beaux-arts consacrée,
Où la raison préside, où, par elle inspirée,
La jeunesse, attentive aux leçons du passé,
Recherche le bon goût ailleurs trop effacé (2),
Au sein de cette Rome en souvenirs féconde,
Et qui fut si long-tems la maîtresse du monde,
J'avais dit : plus de vers ; il est une splendeur
Sous laquelle pâlit ma poétique ardeur :
Qu'ai-je à faire, sinon admirer en silence ?
Tel était mon devoir dicté par la prudence.
Vain projet ! aujourd'hui je me surprends encor
Au désir de rimer donnant un libre essor.
En mon cœur, cette fois, je trouve mon excuse ;

(1) L'auteur de cette épître, à l'époque où elle fut écrite, était secré-
taire-bibliothécaire de l'Académie de France, dont le célèbre peintre Pierre
Guérin avait la direction.

(2) La villa Médicis, palais de l'Académie des Beaux-Arts de France à
Rome.

L'espoir qui me soutient rendra, s'il ne m'abuse,
Mes efforts plus heureux, ou du moins plus hardis.

Rome, Rome n'est plus ce qu'elle était jadis (1) ;
Dans la poudre elle a vu ses grandeurs abattues ;
Le tems ne lui laissa qu'un peuple de statues ;
Du Forum dégradé les sombres monumens
Ont de l'àge caduc subi les changemens;
Le Tibre coule encor, mais sur les bords du Tibre,
Une foule obéit sans souci d'être libre,
Et l'étranger railleur l'appelle, en ses dédains,
Les habitans de Rome, et non plus les Romains (2).

Un peuple a deux moyens de grandir dans l'histoire,
Et la paix et la guerre ont chacune leur gloire :
L'Italie, en cédant le glaive des Césars,
Avait su l'échanger pour le sceptre des arts,
Autre pouvoir tombé de sa main trop débile.
Dans Le Tasse un moment on espéra Virgile;
Michel-Ange, Arioste, et Dante, et Raphaël,
Pareils aux feux soudains passagers dans le ciel,
Dissipèrent la nuit qui couvrait l'Ausonie;

(1) *Roma, Roma non e più com'era prima,* dicton des Transtévérins, habitans de la rive droite du Tibre.

(2) Ces vers furent composés antérieurement à des faits qui d'ailleurs ne ne leur ont point donné un démenti formel.

Plus d'ame qui s'embrase au feu de leur génie ;
La gloire ne peut vivre où meurt la liberté.

Du sol italien quand elle a déserté,
La France l'a reçue, éprise de ses charmes :
J'en atteste l'honneur qui s'attache à nos armes,
Notre besoin du mieux, nos louables efforts,
Nos progrès continus, malgré de longs discords,
Nos savans renommés, nos illustres poètes,
Nos artistes, du beau merveilleux interprètes ;
J'en atteste Poussin, Vien, David, Gros, Prudhon,
Ingres, Vernet, et vous, vous, peintre de *Didon*,
Vous qui, pour complément d'une brillante vie,
Obteniez, jeune encor, les honneurs de l'envie.
N'en doutez pas, Guérin, le tems vous vengera,
Vos envieux mourront, et votre nom vivra.

Sous vos habiles mains, ô maître ! la peinture,
Admirable mensonge, imite la nature,
Explique le passé, fixe les actions,
Révèle à nos regards l'homme et ses passions.
Que dans *Marcus Sextus* la douleur est sublime !
Entre un dessein funeste et le tourment du crime,
Clytemnestre médite, un poignard à la main,
Et n'écoute que trop son complice inhumain.
Sur le front soucieux de *Phèdre* infortunée

Du mal qui la détruit l'horreur est devinée ;
On y lit le remords, cet orage du cœur
Que le ciel y soulève en sa juste rigueur
Quelles scènes ! Leur vue imprime l'épouvante ;
Mais de ces grands tableaux l'énergie imposante,
Des coupables pensers dévoilant les effets,
Ramène à la vertu par l'aspect des forfaits.
Didon plus doucement nous émeut, nous captive :
Aux récits du Troyen comme elle est attentive !
Ce faux Astyanax, appuyé sur son sein,
C'est l'Amour, décélé par le tendre larcin
De l'anneau qu'il dérobe avec grâce et finesse.
Femme et reine à la fois, noble dans sa faiblesse,
Didon cède à l'amour comme on cède au destin.
Oui, l'art est créateur, il est presque divin,
Lorsque, sur une toile habilement tracée,
Il transmet au dessin, aux couleurs la pensée,
A des illusions l'attrait du sentiment.

Glorieux possesseur de cet enchantement,
Ce qu'on estime en vous je voudrais le mieux dire ;
Votre nom appartient aux maîtres de la lyre ;
Je n'ai qu'un luth vulgaire : autrefois j'ai chanté
Des vallons et des bois la douce liberté,
Les monts helvétiens, cet heureux coin du monde,
Où je vis mes beaux jours s'écouler comme l'onde ;

Mais l'art est délicat, il veut d'autres accens,
Et sans goût apprêté, l'éloge, fade encens,
Loin de lui convenir, profane le génie.
Eh! que pourrait d'ailleurs ma novice harmonie
Pour qui sut reproduire à nos regards surpris
Et Virgile et Racine, en leurs meilleurs écrits?
De ces mortels fameux l'éloquent interprète
Les égale, et le peintre, à son tour, est poète.

Dans votre vie intime heureux d'être adopté,
Appui très superflu d'un pouvoir respecté,
J'en ressens chaque jour la bonté paternelle;
J'y découvre sans cesse une grâce nouvelle:
Qui vous connaît vous aime et sait vous honorer,
Il est doux de chérir ceux qu'on doit admirer.

A Rome, en ce palais qui vit votre bel âge
De vos succès futurs donnant plus d'un présage (1),
Votre nom, vos conseils, vos leçons, aujourd'hui,
Au talent qui débute offrent un sûr appui.
L'élève, s'inspirant de fécondes ruines,
Et des arts de la Grèce, orgueil des sept collines,
Consultant avec vous le docte souvenir,
Sur leur antiquité fonde son avenir :

(1) Guérin avait remporté le grand prix de peinture en 1797.

Oui, de ces lieux encor peut sortir un grand homme,
Et l'art n'est pas éteint sous les débris de Rome.

Ah ! vous devez vous plaire en ce riant séjour
Où vous fûtes disciple et maître tour-à-tour ;
Cependant vous partez ; dans votre ame attendrie
A murmuré long-tems la voix de la patrie ;
Sur vous elle conserve un ascendant vainqueur.
La patrie a ses droits, et jamais un grand cœur
N'entendit son langage avec indifférence,
Jamais, lorsque surtout la patrie est la France.
A ce pays si cher, où l'on nomme beauté
La fille du Caprice et de la Nouveauté,
Reportez la doctrine et le goût et le style ;
Allez, puisqu'il le faut, rendre un exemple utile :
Opposant un chef-d'œuvre à de pâles essais,
Vous confondrez bientôt d'éphémères succès.
Pour moi, des bords du Tibre aux rives de la Seine
Je vous suivrai de loin avec plaisir et peine,
Affligé de vous perdre, et satisfait pourtant
De songer qu'à Paris la gloire vous attend.

II

A M. A. CAMINADE,

PÉINTRE D'HISTOIRE.

Ensemble nous vivions sous le ciel d'Ausonie :
Vous, cher peintre, au milieu des œuvres du génie,
De la palme des arts digne solliciteur,
Vous deviez l'obtenir : moi, simple spectateur,
Pensif, je contemplais la ville aux sept collines ;
Errant le jour, la nuit, dans ses doctes ruines,
J'évoquais le passé de son abîme obscur.
Ensemble nous étions sur les monts de Tibur :
Au bord de l'Anio, non loin des *Cascatelles*,
D'Horace je lisais les odes immortelles :

Sous un vieux chêne vert nonchalamment assis,
Quand je laissais flotter mon esprit indécis,
Vous alliez, plein d'ardeur, crayonnant chaque scène,
Le temple de *Vesta*, le palais de *Mécène*,
La grotte de *Neptune*, et le fleuve azuré,
Par la Muse romaine à jamais consacré ;
Sites tout parfumés d'antique poésie,
Beaux souvenirs dont l'ame est fortement saisie !

Le tems, cher Caminade, a couru depuis lors;
Salaire mérité des courageux efforts,
Le succès est à vous, le succès légitime,
Qui ne sépare pas la gloire de l'estime.
Tel j'étais, tel je suis, rêveur comme autrefois,
Comme autrefois rimeur, par manie ou par choix.
Exilé volontaire, aux champs, loin de la ville,
J'ai cherché le repos dans un modeste asile.
Plus noble est votre sort, volontiers j'en conviens;
Vos jours ont plus d'éclat; mais valent-ils les miens ?
Vous avez les honneurs; moi, j'ai l'indépendance.
Aux peines qu'ici-bas sème la Providence,
Pour chaque homme il se mêle une part de plaisir :
La mienne me contente, elle est dans mes loisirs,
Dans l'étude paisible, et ma philosophie
D'un tems qui fut heureux me refait une vie.
O mémoire ! déçus par ton charme puissant,

Nous croyons retourner vers le bonheur absent ;
Vision du passé, trop séduisant mirage,
Des objets qu'on aima tu retraces l'image.
Il est dans ta douceur quelque chose d'amer ;
Mais lorsque, traversant les Alpes ou la mer,
L'œil de notre pensée aperçoit l'Italie
Par la distance encore et le tems embellie,
Ce souvenir, ce rêve, hélas ! trop incomplet ,
De nos jours fortunés garde au moins un reflet.
Vous revoyez, ami, mieux que moi la contrée
Que, la palette en main, vous avez explorée ;
Vous y reconnaissez, artiste pélerin ,
La marque de vos pas au sable du chemin ;
Moi, sans la ressaisir, j'interroge ma trace ;
La vôtre se conserve, et la mienne s'efface.

Qu'ai-je dit ? Ce néant m'est-il donc réservé ?
Non, d'un si prompt oubli vous m'avez préservé ;
A vos savans pinceaux j'ai servi de modèle ;
Grâce à vous, je me mire en mon portrait fidèle,
Et quand aux yeux de tous mes traits sont reproduits,
Je me crois, par momens, bien plus que je ne suis.
Étrange illusion ! car, je le sais, l'artiste,
Des hommes éminens interrogeant la liste,
Peut choisir dans le nombre, et lui-même cité,
Marier son renom à leur célébrité.

Tant d'autres ont conquis cette seconde vie
Que vous savez donner, et que chacun envie !
Vous n'avez avec eux que l'embarras du choix ;
L'Amitié, cependant, de sa plus douce voix
Parlait en ma faveur, et c'est moi, trop peu digne,
Moi qui fus votre élu : cette faveur insigne,
En me flattant, m'abuse, et l'art et l'amitié
Contre ma modestie ont agi de moitié.
Ainsi donc, retombé dans mon erreur première,
Je me dis que mon nom, mis en pleine lumière,
Ne sera pas sitôt rayé par le destin.
Dupe d'un faux espoir, cher Caminade, enfin,
Avec vous et par vous je pense me survivre.
Hélas! combien de noms sont biffés au grand livre !
Vers la postérité que d'élans superflus !
Quand nos amis, vous, moi, nous n'existerons plus,
Un jour, des amateurs verront dans une vente
De mes traits ignorés l'empreinte survivante ;
L'un d'eux, selon l'usage, écartant de mon front
L'indiscrète poussière, inévitable affront :
« De Caminade ici je reconnais la touche,
» Dira-t-il, mais ce nez, ces yeux et cette bouche
» Gardent l'incognito ; je leur demande un nom,
» Je le demande en vain : d'ailleurs l'ouvrage est bon,
» Dessiné purement, et peint de main de maître ;
» Le coloris est ferme, et d'un ton vrai ; peut-être

» Le personnage fut quelque auteur en crédit,
» Quelque artiste: au surplus, voyons ce que nous dit
» La notice. » Et notre homme, après ce monologue,
Pour éclaircir son doute, ouvrant un catalogue,
Le livret, inflexible en son froid contenu,
Lui répondra tout net : *Portrait d'un inconnu.*

III

A UN AMI,

PRÉFET.

Nous avons vu — c'est un exemple insigne —
Honneurs, pouvoir confiés au plus digne :
De la Fortune imprévu favori,
Ce sage aimable a peu compté sur elle,
Il la connaît, il l'éprouva cruelle
Assez long-tems, et quand elle a souri,
Il nous disait : une faveur si belle,
Mes chers amis, ne saurait m'étourdir :

A la Fortune il plaît de me grandir,
En me bissant aujourd'hui sur sa roue ;
Mais des mortels je sais qu'elle se joue,
Je sais qu'Horace a dit en bon latin
Qu'avec la dame il n'est rien de certain.

De notre ami tel était le langage,
Et cependant il est encor préfet,
Bien que le tems, ce grand marcheur, ait fait,
Depuis ce jour, un assez long voyage.
Que le destin, cette fois oublieux,
Laisse toujours l'honnête homme en des lieux
Où son mérite, où sa bonté chérie
Servent si bien le prince et la patrie !

Après deux ans, cher préfet, vous voici :
Après deux ans, vous voir quelques journées,
C'est peu, trop peu : longues sont les années,
Brefs sont les jours de fête ; mais ici
Puisqu'on vous tient, malgré la préfecture,
Comme autrefois, dans nos joyeux repas
Vous chanterez, sans peur de la censure :
L'ami chez nous peut prendre ses ébats,
Et le préfet n'en saura rien là-bas.

Là-bas ! que dis-je ? au fond de vos montagnes,

J'entends gémir femmes, vieillards, enfans ;
Ils vous suivaient de leurs adieux touchans,
Quand vous quittiez leurs agrestes campagnes ;
Comme, au retour, ils seront triomphans !
Nobles effets de la reconnaissance !
Bientôt, hélas ! notre tour va venir ;
Nous n'aurons plus que votre souvenir ;
Nous gémirons aussi de votre absence ;
Ca r, sur les monts hérissés de forêts,
Ou dans les murs arrosés par la Seine,
Partout enfin où le sort vous entraîne,
Aux cœurs aimans vous laissez des regrets.

Ami, j'ai tort, mal à propos j'emploie
Le ton plaintif qu'il faudrait éviter ;
Je tourne au triste, et c'est mal vous fêter :
Je veux ici ne penser qu'à la joie.
A votre tour, oubliez un moment
Vos montagnards et leur gouvernement :
En votre honneur, que la table amicale,
Plus étendue, et surtout moins frugale,
Soit aujourd'hui votre département.
Et conviés, animés d'un beau zèle,
Que vos amis soient vos administrés.
Fonctionnaire au gai devoir fidèle,
Le verre en main, là vous accomplirez

Un doux emploi ; parmi nous vous serez,
Comme toujours, l'homme droit et sincère,
Grave au besoin, jugeant peu nécessaire
De se donner le maintien et l'aspect
Qui semblent dire : il me faut du respect !
Vous qui parfois citez les vers d'Horace,
Vous qui, poète, aimez, suivez sa trace,
Rappelez-vous l'un de ses bons avis ;
Il est de ceux que nous avons suivis :
« Mêlez, dit-il, mêlez un peu d'ivresse
» A la raison ; hâtez-vous, il est tems,
» Trève au calcul, aux soucis ; par instans,
» Il faut savoir égayer la sagesse. »

IV.

A LA MÉMOIRE D'UN AMI.

No'l' conobbe il mondo, mentre l'ebbe,
Conobbil'io, ch'à pianger qui rimasi,
PETRARCA, *Sonetto* CCXCV.

Peintre habile et trop ignoré,
Prudent ami de ma jeunesse,
O vous que j'ai long-tems pleuré !
Vous que je regrette sans cesse !
Votre bienveillante sagesse,
Votre naturel modéré,
Vos simples goûts et vos vertus tranquilles,
En ce siècle de fer me retraçaient encor
Les vieilles mœurs de l'âge d'or.

Vous n'étiez point fait pour nos villes,
Une ère de licence et de guerres civiles
        Fut un tems indigne de vous.
Oh! que n'étiez-vous né sous des astres plus doux !
Cette aimable candeur, cette bonté touchante,
Dont le pur souvenir et m'attriste et m'enchante,
        N'auraient pas eu, pour salaire inhumain,
        L'adversité, que dis-je ? le dédain.

Je m'abuse; en tout tems et partout, l'homme endure
D'autant plus de revers qu'il est plus généreux :
        Victime d'une loi bien dure,
        Tout cœur sensible est malheureux ;
Sa joie est un éclair, une rapide ivresse
Que la crainte précède, et que suit la tristesse.
Pauvre ami ! Le sourire entremêlé de pleurs,
Quelques rares plaisirs et de longues douleurs,
        Une existence condamnée,
        Pareille à la plante fanée,
    Dont l'aquilon a dispersé les fleurs,
        Telle fut votre destinée.

    Je m'en souviens — puis-je oublier jamais
Mes plus beaux jours, mes amis les plus vrais ? —
        Je m'en souviens avec plaisir et peine,
        Ce petit cercle fortuné,

De l'amitié charmant domaine,
Où la mort a tant moissonné,
Vous surnommait le *La Fontaine*
De la peinture; en vérité,
C'était bien dit, au fabuliste
Avec raison nous comparions l'artiste :
Même douceur, même simplicité,
Même esprit délicat, empreint de bonhomie.
A La Fontaine il échut une amie,
Tutrice de ce grand enfant,
Soignant ses intérêts, son logis, sa conduite,
Pendant que lui, distrait, il s'en allait rêvant
De Jean-Lapin, du lièvre dans son gîte,
Du chat faisant la chattemitte,
Et jusqu'à la nuit s'égarait
Dans les détours d'une forêt.
Non moins insoucieux, pour ressemblance entière,
Vous eûtes l'amitié d'une *La Sablière*,
Dè vos vieux jours ange gardien,
Jusqu'au tombeau votre soutien,
Femme respectable et chérie,
Qui fut aussi mon Égérie.

Quels tendres cœurs, quels êtres bienfaisans
Accueillirent mes jeunes ans!
Où rencontrer qui les égale ?

Depuis leur perte si fatale,
Autour de moi tout s'est renouvelé;
Pas une ame qui me réponde !
Mes vieux amis, depuis vous, dans ce monde,
Je n'ai rien vu qui vous ait ressemblé.

Je veux le croire, il est encore
Plus d'un réduit où l'on s'honore
De conserver les simples mœurs
Qui rendent les hommes meilleurs ;
Quánt à des ames ingénues
Comme celles que j'ai connues,
Où les trouver? c'est un hasard ;
Les méchans sont en évidence ;
Par modestie ou par prudence,
Les bons se tiennent à l'écart.

V

A LA SOCIÉTÉ ACADÉMIQUE

DES ENFANS D'APOLLON (1).

Du dieu des arts fidèles mandataires,

De son pouvoir soigneux dépositaires,

Fils d'Apollon, vous me voyez confus

De figurer au nombre des élus.

Un tel succès est-il bien légitime?

Je le sais trop, sur la publique estime

(1) Cette société est composée d'artistes en différens genres, et plus spécialement de musiciens, compositeurs ou exécutans. Son existence, fort ancienne, remonte à l'année 1741. Par respect pour ses fondateurs, par déférence envers tant d'hommes célèbres qui l'ont successivement honorée, elle s'est refusée, jusqu'à présent, à changer sa dénomination, tout en s'avouant à elle-même qu'elle peut paraître surannée, depuis qu'une école nouvelle n'admet plus la mythologie dans la littérature, et supporte à peine l'allégorie dans les arts.

On peut errer; souvent on s'est mépris,
Croyant gagner ce qu'on avait surpris :
Un mot ainsi fait ou défait la gloire.
Veuillez, de grâce, écouter mon histoire,
Car, franchement, je vous suis peu connu,
Et parmi vous j'ai l'air d'un parvenu.

Fort jeune encor, dans ma naissante audace,
Je fus frappé d'un précepte d'Horace,
Et, traduisant le texte à ma façon,
Je me disais : ce grand homme a raison,
La poésie est sœur de la peinture (1).
Ces arts divins, rivaux de la nature,
A l'avenir transmettent le passé,
Le cours du tems par eux semble fixé.
Dans l'atelier d'un disciple d'Apelle
Cette pensée est assez naturelle,
Lorsque surtout un ascendant vainqueur
Donne au talent le suffrage du cœur.
Près de mon père, en voyant ses ouvrages,
Qui de l'histoire offrent de belles pages,
En relisant tour à tour les écrits
De nos auteurs si justement chéris,
Le doux Racine, et Boileau le grand-maître,

(1) Ut pictura poesis.
          HORAT. *De arte poeticâ.*

Et Poquelin, premier de tous peut-être,
Un certain jour, de fol orgueil saisi,
Je m'écriai : *Je serai peintre aussi* (1)
Le seul vouloir ne fait pas l'homme habile,
Je l'éprouvai ; sur un luth indocile
Donnant l'essor à mes doigts imprudens,
Je ne tirai que des sons discordans,
Et toutefois, dans mon erreur extrême,
Vous m'eussiez vu m'applaudissant moi-même,
Puis mariant sans règles ni leçons,
Un chant baroque à ces malheureux sons.
L'expérience à la fin désabuse,
Et l'on pardonne au pécheur qui s'accuse.
Un digne ami modéra mes transports ;
Sage, il m'apprit à régler mes efforts,
A me soumettre au joug de la césure,
A préluder, à chanter en mesure :
Je fus docile, et de nouveaux essais
Furent payés par un premier succès.

J'osai bientôt, oubliant ma faiblesse,
M'aventurer sur les bords du Permesse :
Là, confiné dans un coin du vallon,
J'apercevais le temple d'Apollon ;

(1) *Ed'anch'io sono pittore!* Exclamation attribuée au Corrège.

Et j'admirais sa magique structure,
OEuvre de l'art soumis à la nature.
Parfois, portés sur l'aile des zéphirs,
Des sons lointains, mélodieux soupirs,
Venaient charmer mon oreille captive;
Mais, plus souvent, à mon ame attentive
Le vent jaloux dérobait leur douceur;
D'un souffle d'air dépendait mon bonheur.
Espoir, regret, telle est la vie humaine,
Où tout plaisir est suivi d'une peine!

Un beau matin, dans ce lieu retiré
Je m'égarais, lorsque j'y rencontrai
Emmanuel, chancelier au Parnasse (1).
Il devisait avec Tibulle, Horace,
Gluck, Phidias, et Voltaire et Zeuxis;
Non loin de là, sous un vieux hêtre assis,
Anacréon, Chaulieu, Grétry, Musée,
Goûtaient le frais dans le docte Elysée.
A cet aspect je parus interdit,
Comme surpris en un flagrant délit :
« Il est bien vrai, dis-je d'un air timide,
» Seigneurs, ici j'ai pénétré sans guide;

(1) Emmanuel Dupaty, mort en 1851, membre de l'Académie française :
il était chancelier de la Société des Enfans d'Apollon à l'époque où ces vers
furent écrits.

» Mon passe-port est l'admiration.

» Qui n'est saisi d'un peu d'ambition ?

» D'un pied furtif j'ai franchi, non sans crainte,

» Du double-mont l'harmonieuse enceinte

» Où d'Apollon brille la lyre d'or.

» Je me disais, et je me dis encor :

» Daignera-t-on accueillir ma demande ?

» Ne suis-je pas ici de contrebande ?

» Parlez, seigneurs, puis-je unir sans danger

» A vos concerts mon accent étranger ? »

Le chancelier, lors, avec un sourire :

« Jeune homme, ailleurs le zèle peut suffire ;

» Il faut chez nous des titres constatés. »

Je déclinai noms, prénoms, qualités,

En ajoutant : « Le fils d'un de vos frères,

» Selon nature et les us ordinaires,

» Sur votre cœur n'a-t-il pas quelques droits ?

» Lorsque du mien j'interroge la voix,

» Tout à la fois il éprouve et réclame

» De l'amitié la générense flamme,

» Et je me crois petit-fils d'Apollon. »

Emmanuel répartit : « Ce beau nom

» Ne fut jamais transmis par héritage ;

» D'après nos lois, ce titre est le partage.

» Du seul mérite, et les droits féodaux

» Sont inconnus dans les arts libéraux :

» La gloire, ami, n'est pas héréditaire :
» Si votre zèle est un peu téméraire,
» Pourtant je l'aime, et pour qui sait oser,
» Un noble espoir doit se réaliser.
» Il est, d'ailleurs, plus d'un rang au Parnasse ;
» On peut vous faire une petite place :
» J'en parlerai dans le prochain conseil. »

Aimable songe et fortuné réveil !
De bonne humeur était l'aréopage,
Il me reçut : on obtient le suffrage
Des gens heureux : maint succès éclatant
A dépendu de ce point important.

Dignes gardiens du temple de mémoire,
Je vous devais ma véridique histoire,
Et ce détail n'était pas superflu ;
Mais, je le vois, il a trop prévalu ;
De vos accords il rompt la mélodie.
Chétif poète, en vain je m'étudie
A vous capter par des vers dont le son
N'équivaut pas à la moindre chanson.
Faute de mieux, souffrez mon verbiage.
Des Amphions j'ignore le langage,
Et mal parler c'est comme chanter faux.
J'abrége donc d'inutiles propos,

Et je vous dois, au moins par bienséance,
Sauver l'ennui de ma reconnaissance.
C'est un sujet propre à de beaux discours;
Mais les meilleurs, dit-on, sont les plus courts.
Ce sentiment, qui redoute l'emphase,
Est étouffé dans une périphrase;
On ne dit rien, pour avoir trop bien dit.
Maint orateur, que le monde applaudit,
Paraît ému; ce n'est qu'une rubrique;
Le cœur jamais ne sut la rhétorique;
Bien dire est beau; mais bien penser vaut mieux.
A tort ici la critique maligne
M'attaquerait dans les vers que j'aligne,
Je crois avoir de quoi la contenter;
Je sais me taire et je sais écouter;
Oui, c'est par là que je me recommande.
De bonne foi, d'ailleurs, je le demande,
Sans auditeurs que seraient vos concerts?
Le rossignol au milieu des déserts.
Convenez-en, aux plus rares merveilles
Il faut des yeux ainsi que des oreilles.

J'ai *de Conrad le silence prudent;*
Lorsqu'en ces lieux Apollon, préludant,
Vous pressera, dans l'ardeur qu'il inspire,
D'associer aux accords de sa lyre

Le violon, ce roi des instrumens,
Qui sympathise avec nos sentimens,
Et son jumeau, l'alto, non moins sensible,
La contre-basse à l'allure inflexible,
Mais qui fléchit sous de puissantes mains,
Le cor anglais et celui des Germains,
La noble harpe et le haut-bois rustique,
La douce flûte au son mélancolique,
L'ophicléide et le grave basson,
Je n'irai pas, dérangeant l'unisson.
Étourdiment, à ce brillant ensemble
Mêler ma voix qui détonne et qui tremble ;
Si je prends part aux fraternels travaux,
Ce ne sera qu'à force de bravos.
Contentez-vous d'une amitié fidèle,
Fils d'Apollon, je vous apporte un zèle
Que rien jamais ne viendra démentir,
Et j'ai, de plus, des mains pour applaudir.

VI.

A LA MÊME SOCIÉTÉ,

POUR SA FÊTE SÉCULAIRE.

Fils heureux d'Apollon, voici donc la journée
Où devait s'accomplir votre centième année!
D'anciens frères, l'honneur de ce siècle fini,
Hummel, Grétry, Méhul, Haydn et Sacchini,
D'avance avaient produit votre chant séculaire (1).
Poursuivez; comme vous quand on est centenaire,
Et quand on porte un siècle avec virilité,
Il semble qu'on commence une immortalité.

(1) La Société des Enfans d'Apollon a possédé, en effet, ces hommes éminens, et elle voulut que des morceaux de leur composition fussent exécutés
dans le concert où elle célébra, en 1841, le plus important de ses anniver-
saires.

« Erreur ! dit le sceptique, illusion ! mensonge !
» L'avenir ténébreux de la vie est le songe ;
» Parmi des jours bornés s'il naît un heureux jour,
» Le plaisir qu'il accorde est souvent sans retour ;
» L'homme n'a qu'une époque, et la mâle espérance,
» Qui soutient ses efforts, qui nourrit sa constance,
» N'est qu'un rêve brillant de l'esprit exalté. »

Que ce triste discours ne soit pas écouté ;
Le noble amour de l'art sans fin se renouvelle,
Et ceux qui du génie ont reçu l'étincelle,
De l'art éternisé partagent le destin.
Ils marchent d'un pas sûr vers l'avenir lointain,
Ces hommes d'autrefois, dont la voix grandiose
Se réveille aujourd'hui dans leur apothéose :
Ranimés, triomphans, ces morts sont immortels,
Leurs tombeaux consacrés se changent en autels.
Ils renaissent aussi, le mérite modeste,
L'esprit qui nous charma, la bonté, don céleste :
A ceux qui des vertus briguaient le simple honneur,
Qui, justes, bienveillans, ont vécu par le cœur,
Le sentiment ménage une seconde vie,
Comme l'autre, sans bruit, comme elle, sans envie.

Du temple d'Apollon fidèles desservans,
Par qui le feu sacré fut conservé cent ans,

Laissez, amis, laissez une folle menace
Étourdir de ses cris les échos du Parnasse.
Jadis, amoncelant Ossa sur Pélion,
Les Titans insensés, dans leur rébellion,
Osèrent assaillir l'Olympe, où le tonnerre
Punit l'ambition de ces fils de la terre;
Et c'étaient des géans! Pour atteindre si haut,
On n'a plus la vigueur et la taille qu'il faut.
Quand le poète ingrat, l'artiste qui s'abuse
Ne veulent accepter que l'audace pour Muse,
Apollon, méconnu, sourit avec dédain :
Son arc est frémissant dans sa puissante main :
Cette arme quelquefois a servi sa vengeance;
Mais le Dieu maintenant prend en pitié l'offense;
Il laisse un libre cours à la témérité,
Et les blasphémateurs de sa divinité,
En aveugles suivant l'erreur qui les entraîne,
De leur injuste oubli portent enfin la peine.

L'art sans guide se perd; il tombe, sans appui,
Et, s'il ne croit à rien, on ne croit plus en lui.
Le culte d'Apollon est celui de nos pères;
Nous avons reçu d'eux, pour biens héréditaires,
Ces œuvres du pinceau, du ciseau, du burin,
Où respirent la toile, et le marbre et l'airain;
Pour qui sait l'écouter, l'accent de leur génie

Vibre comme un écho de lointaine harmonie.
Avec nos monumens, nous leur devons surtout
Nos livres favoris, oracles du bon goût,
Trésor de la vieillesse, et ressource à tout âge.
Malheur à qui néglige un si bel héritage !
Le présent, si frondeur, dédaigne le passé ;
En orgueil seulement il l'aura surpassé.
Modèles tour à tour d'énergie et de grâce,
Homère, Anacréon, Virgile, Ovide, Horace,
Disciples d'Apollon, lui dûrent leurs succès ;
Le sage Despréaux, l'Horace des Français,
Et Corneille le grand, et le divin Racine,
Et d'autres avec eux, sur la double colline,
Des antiques leçons avaient su profiter.
Dans tous les arts, cent noms, que l'on aime à citer,
Attestent le respect d'une loi souveraine.
Oui, de l'esprit humain le fertile domaine
Est régi par des lois qu'il nous faut respecter,
Qui dirigent l'essor sans jamais l'arrêter :
C'est un frein salutaire, et non pas une entrave.
Eh ! qui pourrait traiter le génie en esclave ?
Lui-même il se soumet devant la vérité :
Ainsi l'homme obéit à la divinité.

Mais, je le sens, amis, trop de zèle m'anime,
Au nom de la raison je fatigue la rime ;

A mes maîtres donnant d'inutiles avis,
Mon vers mal à propos prêche des convertis :
Ce que le sentiment, ce que le goût inspire,
Vous le faites, et moi, je ne puis que le dire.

Frères en Apollon, que la douce amitié
De la fête des arts recueille la moitié :
A l'honneur le matin, au plaisir la soirée!
Par des libations qu'elle soit consacrée;
De ce jour solennel, que va suivre la nuit,
Hâtons-nous de saisir le reste qui s'enfuit.
Allons, la coupe en main, vers le tems qui s'avance;
Buvons au souvenir, buvons à l'espérance;
Double toast à la gloire, à la beauté! toujours
L'artiste dans son cœur confond ces deux amours.
A l'amitié surtout buvons, buvons encore :
La gloire qu'on poursuit, la beauté qu'on adore,
Ont souvent abusé de leur charme vainqueur;
C'est un enivrement de l'esprit et du cœur:
De leurs déceptions l'amitié nous console;
Elle s'engage moins, et tient mieux sa parole.
Prenons joyeusement notre siècle; cent ans
Nous ont assez appris comment passe le tems;
Il fuit irréparable; acceptons-en la fuite;
Suivons-le, tant qu'il laisse un plaisir à sa suite;
Du passé glorieux aimons le souvenir;
Jouissons du présent: à d'autres l'avenir!

VII

A UNE JEUNE FILLE.

Nobles hôtels, dont l'éclat nous impose,
Salons dorés, sous vos riches lambris
Vous rassemblez les heureux de Paris,
Heureux de loin! de près c'est autre chose.

Dans ces palais que je fuis, et pour cause,
Voit-on souvent une jeune beauté
Rester candide avec un cachemire,
Au sein du luxe et de la vanité
N'être point vaine? on la cite, on l'admire,
Et l'art qui flatte, et le monde trompeur
Faussent bientôt son esprit et son cœur.

Auprès de vous, beauté qu'on divinise,
Mal avisé qui cherche le bonheur !
Il n'est point là. Dans sa pudeur exquise,
J'aime bien mieux celle qui, loin de vous,
Croît sous les yeux d'une prudente mère ;
Sa modestie est l'orgueil de son père,
Elle sera le trésor d'un époux.

Laure, à seize ans, naïve autant que belle,
Ne quittant pas l'égide maternelle,
Connaît fort peu les choses d'ici-bas ;
Simple qu'elle est, cette aimable ignorante
Soumet les cœurs, et ne s'en doute pas :
Conserve-la ta simplesse touchante,
Laure, assez tôt tu deviendras savante.

Tu ne connais de livres que les bons ;
Tu n'as point lu nos romans-feuilletons ;
Tes jolis doigts sur le clavier mobile
Ne pourraient pas de tel maître vanté
Exécuter un morceau difficile
Qu'on applaudit sans l'avoir écouté ;
Laure, crois moi, ne sois pas plus habile.

Tu ne sais point de l'opéra nouveau
Juger le plan, les vers et la musique,

Ou disserter sur un livre, un tableau ;
Tu ne sais pas un mot de politique :
Laissant la France aller ou mal ou bien,
Tu restes neutre, et tu conçois à peine
Pourquoi, comment on est républicaine :
De tout cela, toi qui ne connais rien,
Garde long-tems, garde ton ignorance.

Dans le beau monde, où l'on prise avant tout
L'esprit léger, la mode, l'élégance,
Tu ne saurais briller comme Constance ;
Mais ta réserve est toujours de bon goût.
De la critique et de la médisance
Tu ne sais pas te faire un triste jeu ;
Mais tu connais ce qu'une fille sage
Innocemment doit connaître à ton âge ;
Tu sais broder, tu dessines un peu ;
Chérir ta mère, et deviner ses peines,
Les adoucir par tes soins consolans ;
Compatissante aux misères humaines,
Faire le bien, ce sont là tes talens.
Ton jugement est droit, il est solide,
Fruit presque mûr dans la saison des fleurs.
Tout ton esprit dans ton ame réside,
Et la vertu c'est l'esprit des bons cœurs,
Charmant esprit qui n'est jamais stérile :

O chère enfant ! que je te trouve habile !

Mais tes seize ans t'imposent une loi ;
Déjà l'hymen en secret te réclame ;
Un jeune époux doit obtenir ta foi ;
Son avenir est certain avec toi,
Car bonne fille est toujours bonne femme.
Béni sera le fortuné mortel
Qui va bientôt te conduire à l'autel ;
Il aura vu que sous ton innocence
Perce le goût, aimable intelligence
Du beau, du juste, et le plus doux lien
Garantira ton bonheur et le sien.

Va, laisse dire, on te juge ignorante,
Et moi, vraiment, je te trouve savante ;
C'est un grand art que de savoir charmer :
Pardonne, Laure, à ma plume indiscrète,
Un point te manque et tu seras parfaite,
Ma belle enfant, quand tu sauras aimer.

VIII

A M. G. DE MANCY,

TRADUCTEUR DES BUCOLIQUES DE VIRGILE.

J'accepte volontiers ton cadeau poétique,
Petit livre excellent qui me suivra toujours ;
Merci : quand le printems nous rendra de beaux jours,
Bercé, comme autrefois, du rêve bucolique,
Aux champs je veux relire et Virgile et Mancy,
Virgile qui m'est cher, et toi que j'aime aussi.
Tu fus disciple heureux en traduisant ton maître ;
Ta muse gracieuse à l'églogue sourit ;
C'est une œuvre du cœur autant que de l'esprit,
Œuvre digne de toi. Notre époque peut-être

A jugé tes efforts du haut de son dédain ;
Tel est le goût du jour ; impatient du frein,
Il n'admet plus dans l'art ni règle ni mesure ;
Il se raille de tout, même de la nature ;
Qu'ai-je dit ? Il respecte à peine la vertu.
Crains d'en être loué, car, maintenant, vois-tu,
C'est l'éloge qui blâme, et le blâme qui loue.

Au chantre de Vénouse, au cygne de Mantoue,
Pour notre propre honneur, gardons fidélité ;
De leurs autels sans cesse alimentons la flamme :
Le culte du génie et de la vérité
Est comme une vertu qui s'ajoute à notre ame.

IX

A UN POÈTE ÉRUDIT.

Sur le nard de l'antiquité
Vous éclairez mon ignorance;
Vous avez deviné, si j'en crois l'apparence,
D'où provenait ce parfum tant cité.
On le sent dans les vers d'Horace,
Ils en sont imprégnés encor.
Suivant le poète à la trace,
Vous aurez découvert son odorant trésor :
En herborisant au Parnasse,
Vous aurez sans doute cueilli
Cette plante si renommée,
Dont un art tombé dans l'oubli

Composait une huile embaumée.

Avec Horace je vous dis

Ce qu'à Virgile il écrivait jadis :

« Pour quelque peu de nard, je vous garde une amphore

    » Que remplit un vin généreux ;

» Elle couve en ses flancs l'espoir d'un sort heureux,

» A son riant aspect le chagrin s'évapore. »

Je dirai plus : je vous promets

Ce qu'Horace n'offrit jamais,

Du café, liqueur poétique,

Soutien des modernes talens.

Pour s'inspirer, la muse antique

Savourait des vins excellens,

Des parfums exquis ; mais notre âge

A sur la Grèce et Rome un immense avantage ;

Un don précieux leur manqua ;

Elles avaient le nard ; nous avons le moka.

X

LA CINQUANTAINE.

A MES AMIS.

J'ai cinquante ans, la chose est trop certaine ;
Du triste fait lorsque je veux douter,
Secrète voix qu'il me faut écouter,
Va redisant que j'ai la cinquantaine.

Un demi-siècle est pesant à porter ;
Je l'avoûrai, c'est un fardeau qui gêne ;
Les cheveux gris causent un peu de peine ;
Mais quel remède à cela ? vivre vieux,

Ou bien mourir chargé de moins d'années,
En résumé, voilà nos destinées ;
Or, dans le choix, vieillir vaut encore mieux.
Dame Nature est d'ailleurs libérale :
On nous a dit — vérité fort banale,
Mais qui rassure — on a dit en chansons,
Qu'elle réserve un plaisir pour chaque âge,
Comme des fleurs pour toutes les saisons.
Même en chantant, on peut se montrer sage,
Et nous rimer quelques bonnes raisons.
Oui, la Nature est pour nous une mère,
Qui, prévoyante, et jamais trop sévère,
En nous privant, daigne nous épargner ;
Elle ôte et donne, et si bien dédommage,
Que le vieillard, content de son partage,
A cru parfois moins perdre que gagner.

A cinquante ans, adieu les espérances !
Adieu l'amour et ses illusions !
Oui, mais adieu des jeunes passions
Et le caprice et les extravagances !
L'âge venant, le cœur est moins actif ;
Il est bien vrai, plus de vive chimère,
Plus d'idéal pour le cinquantenaire ;
Tout lui devient réel et positif ;
Mais, entre nous, l'idéal c'est le vide ;

L'homme, avec lui, ne fait rien qui décide,
Et du réel on peut tirer parti.
Non sans regret, de l'idéal sorti,
J'en dis du mal; au fond, ma médisance,
Très pardonnable, et de peu d'importance,
N'est que l'effet d'une commune loi;
A cinquante ans, il est rare qu'on pense
Comme à vingt-cinq, et plus d'un, sur ma foi,
Durant le cours de sa longue existence,
D'opinions a changé plus que moi.

D'erreurs, au fait, le jeune homme a sa liste,
Et le vieillard la sienne également ;
L'une est riante, et la seconde est triste ;
Entre les deux, à parler franchement,
Voilà quelle est toute la différence ;
Jeunes erreurs ont un côté charmant,
Vieilles erreurs n'ont rien qui les compense.
Il en est une, au moins, dont je suis sûr
D'avoir à tems sauvé mon âge mûr :
L'ambition d'ordinaire succède
A nos amours, et flétrit sans remède
Notre bel âge à peine révolu ;
L'amour parti, l'argent vient nous séduire.
Je pouvais joindre, en me laissant conduire,
Au nécessaire un brillant superflu ;

Je le pouvais, je ne l'ai pas voulu.
Et maintenant que j'ai la cinquantaine,
De plus en plus je sens que j'eus raison
De secouer une brillante chaîne.
Dès mon début dans l'arrière-saison,
Pour mon hiver me préparant d'avance,
Je m'était dit : une modeste aisance,
Les simples goûts, les aimables liens
Qu'autour du cœur forment une compagne
Et des enfans, ces premiers de nos biens,
Les doux loisirs des arts, de la campagne,
L'amitié pure et ses épanchemens;
Des jours réglés d'après les sentimens
Et les pensers qui du beau dans notre ame
Ont le pouvoir d'alimenter la flamme;
Je m'étais dit, et je me dis encor
Que tout cela nous compose un trésor
De plaisirs vrais, épargne de la vie,
Qu'en vieillissant, devenu ménager,
On fait valoir, grâce à l'économie,
Se souvenant du plaisir passager
Qu'on dépensa jadis avec folie.

Faisant vertu de la nécessité,
De l'âge ainsi la raison nous console,
Et nous refait une félicité,

Pour remplacer le bonheur qui s'envole.

Le demi-siècle où j'ai vu mes beaux jours,
D'heureux momens, si rares et si courts,
Est dans le gouffre au bord duquel j'incline,
Mince fragment d'une vaste ruine.
Tems glorieux tour à tour et fatal,
Ce demi-siècle, ardent au bien, au mal,
A plus agi que ne fait de coutume
Un siècle entier. Quels profonds changemens !
Les mœurs, les arts, tout, jusques au costume,
A varié selon les mouvemens
D'une inconstante et folle politique.
J'en fus témoin : Fils de la République,
Sous divers noms j'ai vu régir l'État ;
Convention, Directeurs, Consulat,
Cruel délire, anarchie, espérance,
Un peu de bien pour beaucoup de souffrance.
Encore enfant, quand régnait un soldat,
J'ai vu l'Empire et ses dix ans de gloire,
Et le vainqueur, usé par la victoire,
Tomber vaincu ; puis, deux rois restaurés ;
Leurs droits vieillis en trois jours déchirés....
Bref, dans le cours de mes cinquante années,
L'homme a subi d'étranges destinées.
De loin, du fonds de mon obscurité,

J'ai vu, trop vu la triste humanité.
Qu'on en profite, ou qu'on la rende vaine,
L'expérience est toujours une peine.

O vous, amis! vous, mes contemporains,
— Car; plus ou moins, nous vieillissons ensemble —
Puisque mon toit aujourd'hui nous rassemble,
Au seuil fermé consignons les chagrins.
Si ma morale est par trop soucieuse,
N'y pensez plus, je la garde pour moi;
Sans l'imposer, j'en indique l'emploi.
Vienne ce soir, vienne l'humeur joyeuse
Nous dérober tout fâcheux souvenir!
D'un voile épais couvrant notre avenir,
Illusion, viens, charme-nous encore;
Coule, vin vieux, brille dans le cristal,
Et que ton prisme à la ronde colore
Tout l'horizon du banquet amical.
Honneur au vin, source de poésie,
Philtre d'amour, et nectar d'ici-bas!
Amis des arts, ne le dédaignez pas:
Tirés jadis d'une amphore choisie,
Que de beaux vers jusqu'à nous sont venus!
Quels doux accords d'une coupe obtenus!
Que d'Amphions s'inspirant de la treille!
L'art y fleurit. Vous, peintres, curieux

Des chauds effets, des tons harmonieux,
Cherchez, puisez au fond de la bouteille
Le coloris, cette riche vermeille,
Si peu commune, et que maint bon Flamand,
Le verre en main, rencontrait en buvant.
Pour nous, maris, que déjà le tems presse,
Il est encor des retours de jeunesse ;
Espérons-les, cet espoir n'est pas vain ;
On rajeunit en sablant un vieux vin ;
Parfois il comble une amoureuse attente ;
Avec son aide, une femme indulgente
Peut oublier qu'à l'horloge du tems
Pour son époux ont sonné cinquante ans.

XI

IMITATION

DE L'ÉPITRE V D'HORACE.

Si tu ne fais point fi d'une table rustique,
D'un modeste repas, d'une vaisselle antique,
Viens demain, cher Léon; tu boiras d'un vin vieux
Qui n'est pas sans vertu : le tien peut valoir mieux,
Je le crois, mais du mien il faut courir la chance.
En ton honneur, ami, dans ma maison d'avance
Les meubles sont parés, et le foyer reluit.
Viens oublier un peu les affaires, le bruit,

Les soins ambitieux qui fatiguent la tête.
Demain doit être un jour de repos et de fête,
Passons-le jusqu'au soir en de doux entretiens.
Si nous n'en jouissons, à quoi servent les biens?
Qui se refuse tout est près de la folie.
Demain, ami, demain, sur ma table embellie
Je veux semer les fleurs de l'arrière-saison,
Je boirai, dusses-tu douter de ma raison.

L'ivresse a, par momens, des effets salutaires;
Un vin franc, cher Léon, rend les cœurs plus sincères;
Il offre un avant-goût de la félicité,
Inspire le courage à la timidité,
Procure de l'esprit, excite la tendresse,
Et donne à l'indigent l'oubli de sa détresse.

J'aurai soin —volontiers j'accepte cet emploi—
J'aurai grand soin que tout soit en ordre chez moi,
Qu'on se puisse mirer dans des coupes bien nettes,
Que nos discours n'aient pas d'odieux interprètes,
Ardens à les saisir au seuil de mon logis;
Les convives, enfin, seront bien assortis;
Je t'annonce Clément, Paulin, même Anatole,
S'il n'a pas à Marcel engagé sa parole.
J'aurai, si tu le veux, quelques hôtes de plus;
Souviens-toi, cependant, de ces vers si connus,

Sur un fâcheux repas, où le chaud et la gêne
D'un plaisir annoncé ne firent qu'une peine.

Qu'un billet de ta main vienne à tems m'avertir,
Et si quelque importun, quand tu devras partir,
Prétendait t'imposer sa visite indiscrète,
Pour te sauver de lui prends la porte secrète.

XII

IMITATION

DE L'ÉPITRE X D'HORACE.

A l'ami de la ville un amateur des champs,
Salut! En ce point seul diffèrent nos penchans;
Nos sentimens d'ailleurs, cher Faustin, sont les mêmes;
Tes dégoûts sont les miens, ce que j'aime, tu l'aimes:
Citadin, campagnard, le cœur nous réunit.
Nous sommes deux ramiers, dont l'un garde son nid,
Dont l'autre aime à revoir les montagnes lointaines,
La mousse des rochers, le cristal des fontaines.

Que veux-tu? Je me sens plus fortuné qu'un roi,
Sitôt que j'ai quitté ce qui te charme, toi.
Convive d'un richard, un paysan préfère
Sa pitance rustique à la plus fine chère ;
Je ressemble à cet homme, et suis de son avis,
Je dis : Foin de l'apprêt! J'aime mieux mon pain bis.

S'il est vrai qu'ici-bas il convienne de suivre
Le vœu de la nature, et s'il est bon de vivre
Tranquille, exempt de trouble, enfin, de sa maison
Si l'on veut bien choisir le site, on a raison,
Crois-moi, de préférer la campagne à la ville.
Est-il, je le demande, un plus commode asile
Qu'un toit ceint de verdure, où, du nord abrité,
Sans avoir à subir les ardeurs de l'été,
Loin des bruits importuns, on goûte ce bien-être
Et ce calme des nuits que tu ne peux connaître.

Dis-moi, la fleur des champs a-t-elle moins d'éclat
Que les marbres coûteux? Cette eau qui se débat,
En ses conduits de plomb trop long-tems retenue,
Et dans la ville enfin coule au coin de la rue,
Est-elle aussi limpide, aussi fraîche, à ton gré,
Que l'onde du ruisseau qui jaillit sur mon pré?

Mais quoi? la cité même a des parcs magnifiques,

Décor de ses palais ; à travers dès portiques
Le riche aime l'espace ; on vante une maison
D'où le regard s'étend sur un vaste horizon :
Donc chassez la nature, elle revient sans cesse,
Et de vous, malgré vous, elle se rend maîtresse.

Deux tableaux sont à vendre, un pitoyable, un beau ;
L'ignorant, pour le bon, prend le mauvais tableau ;
On en rit, du balourd on plaint l'erreur immense ;
Ah ! que bien plus à plaindre est l'aveugle démence
Qui confond le mensonge avec la vérité !

Le fou, qui, s'enivrant de sa prospérité,
Jouit jusqu'à l'abus des dons de la fortune,
A l'heure des revers n'aura plus force aucune :
L'habitude du bien se perd avec douleur.
Évitons l'opulence, évitons la grandeur ;
Sous le chaume, parfois, une modeste vie
Aux favoris des rois, même aux rois fait envie.

Le cerf et le cheval, dans un herbage épais
Mis au large tous deux, ne pouvaient vivre en paix :
Après un long combat, le cerf a l'avantage ;
Son rival est banni du commun pâturage ;
Mais la haine l'égare, et que fait-il alors ?
Il a recours à l'homme, il accepte le mors,

Il triomphe à son tour. Victoire passagère !
Quand il voulut ravoir sa liberté si chère,
L'imprévoyant coursier — regret tardif et vain —
Ne put se dégager de l'homme ni du frein.
Honte à qui, dépourvu de force et de constance,
A prix d'or, sans besoin, vend son indépendance !
Il mérite le joug, il s'en fera l'aveu ;
Qu'il serve ; il n'a pas pu se contenter de peu.

Un mince patrimoine, une grande fortune,
C'est comme un vêtement, qui, trop large, importune,
Ou, trop étroit, fait mal. Faustin, il est prudent
D'accepter son état, et d'en être content.
J'y consens volontiers, gronde-moi d'importance,
Quand je convoiterai plus que ma suffisance :
L'or, ce tyran du faible, au sage doit céder,
Il est fait pour nous suivre, et non pour nous guider.

Bonjour, ami, j'écris ceci de ma retraite ;
J'y suis heureux ; pourtant ma joie est imparfaite,
Il s'y mêle un regret : je n'aurai nul souci,
Le jour où je pourrai te posséder ici.

VINGT FABLES.

I

LE BOUVREUIL ET LE PINSON.

Par une belle matinée
Du moi de mai, jeunesse de l'année,
Près de son nid un brouvreuil répétait
La simple mais joyeuse antienne
Que la nature lui dictait.
« Ce n'est pas mal, il faut que j'en convienne,
Dit un pinson qui l'écoutait;
Ta voix pourtant, mon cher, comme la mienne,
Aurait besoin d'étude et de leçons.
Retenir, imiter les sons,

Voilà notre lot, à nous autres,
Et lorsque chantent dans les bois
Le rossignol, la fauvette, à leurs voix
Nous sied-il bien d'associer les nôtres ?

« Ami, répondit le bouvreuil,
Parce que l'on n'est pas rossignol ou fauvette,
Faut-il se taire ? Moi, je dis ma chansonnette,
Sans prétention, sans orgueil.
L'oiseau qui chante mieux, volontiers je l'admire,
Et j'exerce à mon tour mon gosier, bien ou mal.
Émule du talent, et non pas son rival,
Pourquoi devrais-je m'interdire
Un plaisir naturel ? c'est mon droit ; en effet,
Pour chanter le Bon-Dieu m'a fait ;
Je me sers de ce qu'il me donne ;
Cela me rend heureux, et ne nuit à personne. »

Que le bouvreuil pense vous égaler,
Rossignol-*La Fontaine* et *Florian*-fauvette,
C'est une erreur à signaler,
Une audace à punir ; mais que, dans le bocage,
Il adresse à l'écho son modeste ramage,
Il pourra plaire encor, surtout — notons cela —
Quand le rossignol n'est pas là.

II

LES DIEUX ET L'HOMME.

L'homme était né; les dieux d'abord
Furent touchés de sa misère;
Sur son désir d'un meilleur sort
L'auguste Sénat délibère.

Que fera-t-on? Que décider
A l'égard de la race humaine?
Faut-il, ou non, lui concéder
Une vie exempte de peine?

Tel est là-haut l'ordre du jour :
On pérore, applaudit, proteste;
Grand bruit dans la chambre céleste ;
Un parti contre, un parti pour.

Minerve, la noble déesse,
Prend avec générosité
Nos intérêts; c'est la sagesse
Qui plaide pour l'humanité.

Mais le côté gauche murmure,
Le côté droit flotte incertain,
Et l'homme, pauvre créature,
L'œil au ciel, attend son destin.

A la tribune alors s'élance
Momus, agitant ses grelots;
Quand l'assemblée a fait silence,
Il lui jette en riant ces mots :

« Gare à vous ! un vertige altère
Votre bon-sens, confrères dieux ;
Si le bonheur est sur la terre ,
Nous déserterons tous les cieux. »

De Momus la frivole idée
 Parut un argument de poids;
Notre perte fut décidée
A la majorité des voix.

Et c'est ainsi qu'une saillie
Nous a condamnés pour toujours,
Et depuis lors nos tristes jours
Semblent voués à la folie.

III

L'AVEUGLE ET LA LANTERNE.

La nuit avait tendu son crêpe le plus sombre ;
Un vieil aveugle, une lanterne en main,
Sans guide, sur le grand chemin,
Errait en tâtonnant dans l'ombre.
Un passant l'envisage, et dit : « Le pauvre fou !
D'un lustre la splendeur entière
Ne l'empêcherait pas de se rompre le cou ;
Pour l'aveugle, en effet, à quoi sert la lumière ?
— Ce n'est plus pour mes yeux que brille la clarté,
Cela n'est que trop véritable,
Répondit le bonhomme avec humilité ;
Mais elle est pour mes pas un guide secourable ;

Sans elle je serais à tout venant heurté :
Si je ne la vois plus, elle m'est toujours chère,
   Elle avertit d'épargner ma misère,
Et la lumière ainsi, ce bien tant regretté,
Pour un aveugle encore a son utilité. »

   Celui qui juge toute chose,
   Sans jamais rien approfondir ,
   Bien souvent à l'erreur s'expose,
   Et se prépare un repentir.

IV

LA JEUNE FILLE ET LA SOURCE.

Déjà soucieuse avant l'âge,
Au bois une jolie enfant
Mirait son jeune et frais visage
Dans une fontaine; le vent
Y fit tomber une chenille,
Insecte ignoble et venimeux.
Où se voyait la jeune fille
Vient s'étaler l'objet hideux ;
L'eau s'agite; une voix soudaine
Murmure parmi les roseaux,
Et la nymphe de la fontaine,
Elle-même parle en ces mots ;

« Ma chère enfant, telle est la vie,
Qui coule avec sérénité,
Tant que le vice ou la folie
N'altère pas sa pureté.

« Ma source est un miroir liquide.
L'ame aussi, mobile cristal,
Réfléchit, comme une eau limpide,
Tour à tour le bien et le mal.

« Dans l'ame, par un vent d'orage,
Qu'un vice tombe, quel regret !
De la vertu la noble image
Bientôt se trouble et disparaît. »

V

LE CHIEN DEVENU VIEUX.

Favori, chien de bonne race,
Long-tems s'était montré plein d'ardeur à la chasse ;
Tout le gibier le redoutait,
Pas un loup ne lui résistait :
Aussi, tant que sa force égala son courage,
Il fut choyé, caressé, bien nourri ;
La meilleure pitance était pour Favori.
Sa vigueur, cependant, déclinait avec l'âge ;
Il vieillissait : on le vit une fois,
Se souvenant de sa valeur première,
Poursuivre un sanglier à l'épaisse crinière.
Encouragé par les cors, par les voix,
Et réveillant sa course apesantie,
Il saisit l'animal ; mais sa dent amortie
Fut sans pouvoir. Humilié,

D'un air contrit, l'oreille basse,

Favori vint demander grâce.

Rarement un chasseur a connu la pitié :

Du pauvre chien le maître était fort peu sensible,

Et cet homme injuste, inflexible,

Du plus barbare châtiment

Paya la vaine tentative.

Courbé sous le dur traitement,

Dans une attitude plaintive,

Ainsi parla l'infortuné :

« C'en est donc fait, me voici condamné,

Moi, ton ami, ton serviteur fidèle !

Il est vrai, je le sens, j'ai perdu ma vigueur ;

Mais je n'ai pas manqué de cœur;

Et jusqu'au bout j'aurai prouvé mon zèle.

Maître, jadis tu m'aimais bien ;

Tu disais volontiers que j'étais un bon chien;

A présent tu me bats ! cruel ! quand pour te plaire,

Je tente mon dernier effort,

J'ai le mépris et les coups pour salaire.

Oh ! comme la vieillesse est un pénible sort !

Cet âge est un malheur, et sa faiblesse un tort. »

VI

LA BOUTEILLE CASSÉE.

Un pauvre homme sur son chemin
Vit une bouteille cassée,
Dont l'étiquette, à peu-près effacée,
Fut parée autrefois du grand mot *Chambertin*.
Quelques gouttes de ce bon vin,
Au fond du verre abandonnées,
Conservaient le parfum que donnent les années.
Notre homme se disait, flairant, faute de mieux :
« Si j'en juge d'après ce bouquet merveilleux,
Tu devais contenir, ô bouteille ! un liquide

Pareil à ceux qu'on boit à la table des Dieux ;
　　Pourquoi faut-il que tu sois vide ! »

　　J'avais un vieil ami ; son cœur,
Tel qu'un vase imprégné d'une douce liqueur,
Des plus purs sentimens avait gardé l'essence :
Avec émotion, avec reconnaissance,
　　Je me rappelle sa bonté :
En lui je vénérais l'antique loyauté,
Les mœurs d'un autre tems, que notre siècle ignore.
　　Ce vieil ami, je ne l'ai plus ;
　　De ses bienfaits, de ses vertus,
　　Le souvenir me charme encore.

VII

LES ARBRES

SOUS LE PATRONAGE DES DIEUX.

Saturés, ennuyés de leur bonheur extrême,
Ne sachant plus que faire au céleste séjour,
Par passe-tems, les dieux décidèrent un jour
Que chacun d'eux prendrait un arbre pour emblème
De son pouvoir sur nous autres mortels,
Et ce projet, passablement frivole,
Inscrit parmi les décrets éternels,
Fut mis en œuvre aussitôt : « mon symbole
Sera le chêne. » Ainsi, dès l'abord, Jupiter,
Qui le premier de tous là-haut, y parle en maître,

Ayant fixé son choix, d'un mot le fit connaître.

      Après lui, le dieu de l'enfer

Adopta le cyprès au lugubre feuillage ;

Tel fut son bon plaisir : par contraste, à son tour,

      Vénus, pour elle et pour l'Amour,

      Au myrte accorda son suffrage :

      Apollon sourit au laurier ;

      Bacchus de lierre orna sa tête ;

      Hercule enfin fit sa conquête

      Du majestueux peuplier.

      Sans poursuivre la kyrielle,

      Disons qu'on vit chaque immortelle,

      Et chaque dieu, comme il leur plut,

     D'un végétal se faire un attribut.

Ce caprice est d'en-haut descendu sur la terre ;

L'homme, singe des dieux, inventa le blason,

De son ambition vaniteux commentaire.

Baron, comte, il étale en un riche écusson,

      Soit un lion, soit un coursier, un aigle,

Un ours ; que sais-je encor ? sur les dieux il se règle ;

      Comme ils prirent nos végétaux,

En signe de noblesse, il prend des animaux.

Si le choix se faisait conforme au caractère,

      Du reptile et de la panthère

      Je connais maint représentant,

J'en sais... mais là-dessus le mieux est de se taire,
    Et dans l'Olympe on nous attend.

    Minerve, prudente personne,
    Qui pèse, réfléchit, raisonne,
    Et qui jamais ne parle en vain,
Pensive, se taisait; interpellée, enfin :
    » A ma franchise qu'on pardonne,
    Dit-elle, votre goût divin,
En ce moment, seigneurs, vous abandonne :
Il n'est pas un de vous, peut-être à son insu,
    Qui n'ait fait choix d'une plante stérile. »
— « Bon ! répondit Mercure, on s'en est aperçu;
Mais on a préféré l'agréable à l'utile. »
— « Chacun, reprit Minerve, a son goût, et le suit;
Moi, je veux l'olivier, à cause de son fruit. »

En ceci l'homme encor sur les dieux se modèle,
    A l'erreur qui lui plaît fidèle,
    Et peu fidèle à la raison.
    Pour notre usage et pour notre leçon,
    Ici-bas furent mis ensemble
L'utile et l'agréable; à nous de bien choisir.
L'un vient se présenter sous le nom de plaisir;
    Il est rarement ce qu'il semble;
Il fuit à l'instant même où l'on croit le saisir :

L'autre veut du travail, il impose la gêne ;
Mais avec lui toujours le plaisir suit la peine :
Tâchons de les unir, et pratiquons ainsi
    La maxime *Utile dulci*.

VIII

LES DEUX MONTRES.

La montre d'or, de la montre d'argent,
D'un ton moqueur plaignant la destinée,
La surnommait *oignon* de l'indigent :
« Soit, dit l'oignon, je te vois façonnée
Très brillamment; tu flattes le regard ;
Mais, réponds-moi, bel objet qu'on admire,
Quelle heure est-il? tu ne saurais le dire,
Étant sans cesse en avance, en retard.
Dans la fierté de ton luxe futile,
Tu plains mon sort ; il vaut mieux que le tien ;
Je ne suis pas brillante, mais utile ;
    Bref, tu vas mal, moi, je vais bien. »

IX

LE FAUX CALCUL.

Un fou se fit bâtir un hôtel magnifique,
Sans avoir de quoi le payer :
Voyant venir le jour critique,
Il prit la route de Belgique :
Au nom de la Justice on dut l'exproprier;
Mais, comme il reparut sans se faire prier,
Objet d'une faveur assez particulière,
Le pauvre diable évita la prison,
Et de plus, il devint, pour ressource dernière.
Le concierge de sa maison.

Notre fou termina son rêve

Dans une loge de portier ;

Celui de bien d'autres s'achève

Dans la misère d'un grenier :

C'est le sort trop commun, ou de l'insouciance,

Ou de la prodigalité :

Tel qui gémit bien haut sur son adversité,

Se tait sur son imprévoyance.

X

LA CITROUILLE, LE CONCOMBRE,
ET LE POMMIER.

Citrouille et concombre, venus
Sur un même carré de terre,
A l'envi prônaient leurs vertus;
Ils eussent mieux fait de se taire;
Presque toujours, entre les sots,
Discussion devient dispute.
On disputa donc; si, des mots
On n'en vint pas jusqu'à la lutte,
C'est qu'au sol on était rivé
A plus d'un mètre de distance;

Un malheur serait arrivé
Sans cette double circonstance :
— « Toi, citrouille, ton importance
Consiste dans ton épaisseur;
Ton seul mérite est la grosseur.
— Toi, concombre, de la nature
Vil produit, qui fus cornichon,
Légume dédaigné, ton nom
Est une triviale injure.
— Le tien aussi, gros potiron. »
Bref, telle était la litanie
D'antagonistes irrités,
Se disant sans cérémonie
Leurs noms, prénoms et qualités.
Las d'attaquer, de se défendre,
A bout d'invectives, enfin,
Ils se décidèrent à prendre
Pour arbitre un pommier voisin.
« Bon! dit l'arbre de Normandie,
Témoin de cette comédie,
Je suis du pays des procès,
Je dois juger avec succès.
Votre querelle nous fait peine,
Pauvres plaideurs, elle est bien vaine;
Car, à vous parler franchement,
Vous ne valez rien par vous-mêmes;

Il vous faut l'assaisonnement,
Beaucoup d'art et des soins extrêmes ;
Sans cela, vous n'êtes jamais
Que d'assez pitoyables mets :
C'est l'avis de tous, et le nôtre ;
Allez, laissez-nous en repos :
Citrouille et concombre, en deux mots,
Ne valent pas mieux l'un que l'autre. »

XI

LA ROSE ET LA FRAISE.

Un beau matin,

De mon jardin

Nonchalamment j'arpentais les allées ;

Je contemplais mes fleurs et mes fruits, quand soudain

Un murmure confus de paroles mêlées

Me surprit ; c'était un fraisier

Discutant avec un rosier.

La fraise disait à la rose :

« Ton parfum, ma très belle, est exquis ; mais la fleur

Sans le fruit n'est que vaine chose :

J'ai mon odeur aussi, que tout vrai connaisseur

A la tienne aisément préfère,

Car c'est mon fruit

Qui la produit....

Tiens, voici notre maître; à son goût j'en réfère ;
    Sur lui tes charmes sont puissans ;
Les miens lui plaisent mieux, et, s'il t'admire, il m'aime :
Contre moi qu'il prononce, à l'arrêt je consens. »
La rose allait répondre, interpellé moi-même :
    « O chère fleur! O doux fruit! j'ai regret
    A ce débat, leur dis-je, il me paraît
      Inutile, et surtout peu sage.
    Ne troublez pas la paix de mon séjour :
Toutes deux, je vous aime, entre vous tour-à-tour
      Avec bonheur je me partage ;
    Mais de choisir, de donner l'avantage
A l'une, à l'autre, non, je m'en garderai bien :
      Si l'une est bonne, l'autre est belle :
      Bref, pour terminer la querelle,
La rose à son mérite, et la fraise le sien. »

      Beaux-arts, fleurs et fruits de la vie,
      Ce qui vous flétrit c'est l'envie :
Arts utiles, et vous qu'on nomme libéraux,
      Soyez émules, non rivaux.
      De vous l'homme sensé dispose,
      Sans trop analyser vos droits ;
      Heureux, il jouit à la fois
      Et de la fraise et de la rose.

XII

LE CHAPON ET LE POULET.

Mis à l'étroit, et nourri grassement,
Un chapon sans souci menait joyeuse vie,
S'il est vrai qu'un chapon vive joyeusement.
    Non loin de là, traité succinctement,
Mais libre, à son voisin ne portant nulle envie,
            Un poulet
            Maigrelet
Fit bien voir qu'il était plus heureux où plus sage :
Qu'advint-il en effet? Maître chapon bientôt,
En un jour férié, fut tiré de sa cage,
        Pour aller engraisser le pot,
Tandis que le poulet, satisfait de son lot,
        Demeura sobre, et vécut davantage.

XIII

LA RÉPUBLIQUE DES OISEAUX.

La république des oiseaux
Se mêle peu de politique ;
Ce peuple est d'humeur pacifique,
Et de tranquilles goûts, sauf quelques tyranneaux,
Qui vivent aux dépens de la chose publique,
Éperviers et milans, vautours, n'ayant ni foi
Ni loi.
Le reste, indépendant et sage,
Innocemment jouit de la fraîcheur des bois ;
Le champ de l'air est vaste, épais est le feuillage,
Et l'on n'a pour les nids que l'embarras du choix.

Sur l'avis cependant de certaine corneille,

Qu'on respectait parce qu'elle était vieille,
Après avoir consulté le hibou
Dans son trou,
Un beau matin, la république ailée,
Foule bruyante et confuse assemblée,
Sous un chêne de la forêt
En gazouillant délibérait.
Le silence obtenu — ce ne fut pas sans peine —
Le merle, secondé d'un murmure flatteur,
Émit l'opinion que vers l'espèce humaine
On députât un habile orateur,
Capable d'adoucir ces maîtres de la terre,
Qui font avec fusils, panneaux,
A la gent porte-plume une éternelle guerre.
Tout le monde applaudit, et surtout les moineaux.
« Il est, dit la perdrix, péril en la demeure;
Nommons le député sur place, et tout-à-l'heure. »
Nommons-le, nommons-le! ce cri fut général.
Or, parmi les oiseaux, s'il en est qu'on renomme,
Pour savoir imiter le langage de l'homme,
Leur talent est fort inégal.
Le merle, le premier, promoteur de l'idée,
Jugeant sur son discours sa demande fondée,
D'un titre encor douteux déjà se pavanait.
Puis, vinrent postuler le geai, le sansonnet,
Qui se croyaient experts en politique;

Puis, le serin, disant pour phrase unique,
    Petit mignon, petit bijou :
On vit même s'offrir la pie et le coucou,
L'un qui ne sait qu'un mot, d'ailleurs très mal-honnête,
L'autre, bavarde insigne, et dont l'affreux caquet
    Incessamment nous rompt la tête.

    A son tour vint le perroquet,
    Lui qui possède plus d'un style,
    Et qui passe pour un docteur
    De la faculté volatile.
    Cet éloquent solliciteur
    Était le plus digne peut-être ;
    Il comptait *Ver-Vert* pour ancêtre ;
    Il s'énonçait tout aussi bien,
    Et sans jurer comme un payen.

    Q'advint-il ? soit cabale impie,
    Soit dérision du destin,
Il fallait de l'esprit, du talent, le scrutin
    Répondit en nommant la pie !

    Ce n'est pas la première fois
    Qu'on fit un choix de cette sorte ;
    Ailleurs aussi l'erreur l'emporte
    A la majorité des voix.

XIV

LES DIEUX ET LES NATIONS.

Aux nations lorsque les dieux
De leurs dons firent le partage,
L'une d'elles reçut l'esprit ingénieux,
Et la grâce entraînante, et le brillant courage.
Ce lot parut exagéré,
On trouva les parts inégales :
« Que n'avons-nous, disaient les nations rivales,
Mêmes dons au même degré? »
« — Le peuple, objet de votre envie,
Leur répondit Minerve, est moins favorisé
Qu'il ne le semble; un don nécessaire à la vie
Lui fut par le ciel refusé,

Don que nul autre ne surpasse,
Mérite sans lequel courage, esprit et grâce
    Pour le bonheur sont impuissans :
Or, ce présent divin, quel est-il? le bon sens. »

    Je parle ici d'un peuple antique ;
    Son nom, lecteur, importe peu :
    Ce peuple, ardent et plein de feu,
    Mobile dans sa politique,
    Ne sut jamais où la fixer.
    De lui-même prêt à médire,
    Autrefois on l'eût vu sourire
    Aux traits que je viens d'esquisser ;
    Il aurait pu s'y reconnaître ;
    Mais, comme il était né malin,
    Selon la coutume peut-être,
    Il eût désigné son voisin.

XV

LES ÉCOLIERS EN LIBERTÉ ([1]).

« Mes chers élèves, mes enfâns,
Bénissez au lieu de maudire ;
Soyez joyeux et triomphans :
Nul désormais n'ira médire
Du collége et de ses rigueurs :
Je désire, avant tout, qu'on m'aime ;
Je veux gagner vos jeunes cœurs,
Vous rendre heureux, et de moi-même,

(1) Cet apologue, et les quatre suivans, lus à des séances publiques de la Société Philotechnique, ont été imprimés dans l'*Annuaire* de cette société, tomes X et XIV.

Renonçant au pouvoir suprême,
Je borne mon autorité.
Bientôt viendra le jour fêté,
Le jour si beau des récompenses ;
J'anticipe sur les vacances,
Je vous donne la liberté. »

D'un proviseur très débonnaire,
Qui voulait être populaire,
Tel fut le discours un matin.
Tout le petit peuple latin
A la harangue singulière
Applaudit de belle manière :
« Vive, vive le proviseur,
Criaient deux cents voix unanimes !
Des maîtres il est le meilleur,
Et ses paroles sont sublimes :
Vive à jamais le proviseur ! »

Jusqu'au dîné ce fut merveille :
Une réserve sans pareille,
Une sagesse, une raison,
Des propos dignes de Caton.
Les professeurs chantaient victoire ;
Mais, à l'heure du réfectoire,
Quand des ordinaires fricots

Apparut la triste mêlée,
Quand on revit les haricots
A la nage dans l'eau salée,
Quand il fallut noyer enfin,
Dans l'*abondance* journalière
L'éternel morceau de gruyère,
Malgré la soif, malgré la faim,
Allant de murmure en murmure,
On arriva jusqu'à l'injure,
Jusqu'au redouté bacchanal,
Jusqu'au tintamare infernal.
« Par le jeûne on nous assassine,
Disait-on avec de grands cris;
Nous payons pour être nourris;
Il nous faut une autre cuisine;
Nous sommes libres, nous voulons
Force poulets, force dindons. »
Là-dessus, de verres, d'assiettes,
Et de couteaux et de fourchettes,
Un effroyable roulement,
Bref, une émeute : en ce moment,
Trop averti par le tumulte,
Le proviseur vient ; on l'insulte;
Plus de respect, plus de frayeur;
On crie « A bas le proviseur ! »

A ce récit un commentaire
Paraît assez peu nécessaire :
J'y retrace en vers familiers
Certaine vérité notoire,
Et mon conte des écoliers
Est un racourci de l'histoire.

XVI

LE CHÊNE ET LE MEURTRIER.

Un meurtrier, chargé de crimes,
Avait au pied d'un chêne enterré ses victimes :
Un demi-siècle après il revint, et voyant
L'arbre plus élevé, plus fort, plus verdoyant,
« C'est de moi, lui dit-il, que tu tiens cet ombrage;
Le sang te profita, tu lui dois ta beauté. »
De sa racine à son feuillage
L'arbre tout frémissant : « Non, à ta cruauté,
Malheureux! je ne dois ni ma riche verdure,
Ni la vigueur de mes rameaux :
Ces dons, je les reçus de Dieu, de la nature,
Des rayons du soleil, de la fraîcheur des eaux.

Chaque printems de feuilles me couronne ;
Sous l'ardeur des étés j'ai mûri, j'ai grossi ;
    Je pâlissais quand revenait l'automne ;
        Mais les hivers m'ont endurci.
    De tes forfaits, meurtrier qu'on déteste,
        Je n'ai pris que l'horreur funeste,
Qui loin de mon ombrage, et depuis trop longtems,
Des villages voisins fait fuir les habitans. »

Le sang ni la terreur ne t'ont rendu fertile,
        Bel arbre de la liberté ;
Le sol de la patrie est à jamais stérile,
        Sans la paix, sans l'humanité.

XVII

L'OISEAU MOUCHE ET LE COLIBRI.

Chez son ami l'oiseau-mouche
Le colibri vient un soir :
« Voisin, cet avis vous touche,
Voyez ce nuage noir,
Lui dit-il, d'une tempête
C'est l'avant-coureur certain,
C'est notre fin qui s'apprête.
Écoutez, dans le lointain
Déjà le tonnerre gronde ;
Du lac voyez comme l'onde,
Si tranquille ce matin,
Maintenant se ride et tremble

Au souffle de l'aquilon :
Dans les antres du vallon,
Croyez-moi, fuyons ensemble. »

« Du conseil je vous sais gré,
Lui répond l'oiseau débile ;
A d'autres qu'il soit utile ;
Mais, tant que je le pourrai,
Où je suis je resterai.
Ami, le plus sûr asile,
C'est l'arbuste où j'ai mon nid :
Là, bien rarement j'essuie
Plus d'une goutte de pluie,
Tant je fus créé petit !
C'est un réel avantage
D'être un mince personnage,
Tel que le Bon-Dieu me fit :
Pour échapper à l'orage
Une feuille me suffit. »

XVIII

DEUX PETITES FILLES

ET LEURS POUPÉES.

Bon abbé Lemonnier, mon très cher homonyme,
Dans le champ de la fable, où tu fis ta moisson,
    Puisque aujourd'hui, glaneur infime,
Je ne sais rien trouver, je te prends sans façon
Un apologue en prose, auquel je mets la rime.
    Est-ce un procédé légitime?
    Que n'es-tu là ! J'en suis sûr, tu rirais;
Traitant mon plagiat de simple peccadille,

A la critique tu dirais :
« Laissez, c'est une affaire à débattre en famille. »

Or, maintenant, voici mon digne abbé,
Le conte ingénieux que je t'ai dérobé :
        Il méritait de trouver place
Dans ton recueil si moral et si gai,
        Cependant tu l'as relégué
        Modestement dans ta *préface*.

« J'allai mardi dernier — c'est toi le narrateur —
Chez une belle dame, instruite, et presque auteur,
        Car on la voit toujours écrire :
Même on prétend — c'est un trait de satire —
        Qu'avant neuf mois, de son cerveau
        Doit naître un tome *in-octavo*.
Quand j'arrivai, la dame à cet ouvrage
        Peut-être ajoutait une page,
Car je dus faire antichambre au salon.
L'attente c'est l'ennui, rien ne m'est plus contraire :
Un incident heureux vint pourtant me distraire,
Et le tems, cette fois, ne me parut pas long :
        J'eus dix minutes occupées
Bien à mon gré ; deux aimables enfans,
        Fillettes de six et huit ans,
Dans ce même salon, avec leurs deux poupées

Jouaient à la maman. De peur de les troubler,

　　　　Je pris mon air le plus bonhomme,

Dans un coin je m'assis, écoutant sans parler,

M'effaçant de mon mieux, tant et si bien qu'en somme,

　　　　Un meuble et moi, bientôt ce fut tout comme.

Dès qu'on m'eut oublié, le jeu reprit son cours :

　　　　　Avec cette grace gentille,

　　　　　Fleur d'innocence qui ne brille

　　　　Qu'au premier matin de nos jours,

Chaque petite mère interrogeait sa fille,

　　　　　Lui reprochait certains détours,

　　　　　Certains péchés, fautes menues,

　　　　　A six, à huit ans bien connues.

　　　　　Du spectacle muet témoin,

J'en riais à part-moi, confiné dans mon coin;

J'écoutais les propos, j'étudiais les mines

　　　　　De ces deux mères enfantines;

J'admirais la candeur de leur caquet charmant,

Le naturel du ton, du geste.... En ce moment,

　　　　　Survient la mère véritable;

Elle a vu mon sourire, et tout-bas je lui dis

　　　　Pour quelle cause en riant j'applaudis.

Elle veut aussitôt que la scène agréable

　　　　Soit reproduite; on obéit.... Hélas!

　　　　　Ici commence l'embarras :

La dame, par malheur, plus savante que sage,

Reprend les erreurs du langage,
Dicte ce qu'il faut dire...... Alors tout est gâté,
Au gracieux babil succède un verbiage
Correct et froid ; adieu gaîté,
Naturel et naïveté ! »

Tes fillettes, c'est *La Fontaine*,
Que parfois, bon abbé, tu sais nous rappeler
Dans tes récits créés sans gêne,
Et que l'esprit retient sans peine ;
Ta dame est le conteur, qui fait trop bien parler,
Avec un art trop raisonnable,
Les personnages de la fable ;
Chacun d'eux y paraît soufflé comme un acteur,
Et derrière la toile on aperçoit l'auteur.
Je ne cite personne ; avec un soin extrême
Je m'en abstiens ; qui sait ? Peut-être mon lecteur
M'a déjà désigné moi-même

XIX

LES HANNETONS.

Partout est connu ce dicton :
Etourdi comme un hanneton.
L'imprévoyant insecte! Il vole, vole, vole,
Il va heurtant sa tête folle
De-ci, de-là, lourdement, sottement,
Et bientôt pris, attaché par la patte,
A l'enfance cruelle, ingrate,
Il sert de divertissement.
Et ce n'est point assez que le pauvret périsse,
Il faut qu'une chanson prolonge son supplice;

Et quelle psalmodie! un vieux, un triste chant,

    Méchant de forme, au fond bien plus méchant:

C'est la dérision jointe à la barbarie.

       Un jour, à mon petit garçon,

       Qui torturait un hanneton,

Je disais : « Cher enfant, arrête, je t'en prie;

       A ces jeux il faut mettre fin :

Apprends que tu commets une action mauvaise.

       N'as-tu donc pas dans le jardin,

       De quoi t'amuser à ton aise,

    Sans tourmenter des êtres innocens,

Auxquels Dieu réserva leur part d'indépendance ?

Ne te livre jamais à des goûts malfaisans ;

    Garde ton cœur tel que la Providence

       Te le fit, généreux et bon.

       Le mal, enfant, au mal s'enchaîne ;

       Sans pitié pour un hanneton,

Plus tard on le devient pour la misère humaine. »

J'avais cru mon bambin attentif au sermon,

Et je m'applaudissais de ma propre éloquence ;

      Mais hélas! j'en fus pour mes frais.

    Le malheureux ! — je frémis quand j'y pense —

    Je l'entendis chanter, l'instant d'après :

Je te couperai la gorge
Avec le couteau d' Saint-George,
Et ce que dit la chanson — qui pis est —
Si l'arme n'eût manqué, peut-être il le faisait.

Sur ce point nous pouvons connaître
Beaucoup d'hommes qui sont enfans.
De Lafontaine, notre maître,
Qui n'aime les récits charmans ?
Nul philosophe ne l'égale,
Dit-on sans cesse ; du conteur
Chacun approuve la morale ;
On l'admire... En est-on meillleur ?

XX.

L'ONCLE ET LE NEVEU.

« Je suis, mon cher neveu, très mécontent de vous :
Je tiens de bonne part que vous avez des dettes,
    Que vous courez les bals, les amourettes :
        Lettres de change et billets-doux
Sont votre seule étude : Au quartier des lorettes
        On vous rencontre tous les jours ;
        Là vous allez suivre des cours
Qui ne ressemblent guère à ceux de la Sorbonne.
        Déserteur du pays latin,
Avec de jeunes fous, avec mainte friponne,
    Vous dissipez l'argent que je vous donne.
        Dans votre monde libertin,

Je passerai bientôt, si je n'y remédie,
           Pour un oncle de comédie.
Au théâtre, où souvent on berne les huissiers,
           Où les oncles sont des caissiers,
Vous riez, en songeant à moi, je le parie;
Eh bien! faites venir ici vos créanciers,
Pour voir si je prends goût à la plaisanterie.
Mais je n'ai pas tout dit; pour comble de travers,
Je soupçonne, morbleu! que vous faites des vers.
Des vers! le beau métier! la belle fantaisie!
On ne s'enrichit pas avec la poésie.
Vous ne pourriez citer qu'un poète opulent,
           Ce phénomène était Voltaire;
Pour avoir sa fortune il faudrait son talent.
Vous poète! Allez donc! Soyez plutôt notaire,
Négociant, banquier, que sais-je? Il faut penser
A gagner de l'argent, au lieu d'en dépenser.
     Décidez-vous; il est tems, à votre âge,
De changer de système, et de devenir sage.
           Retenez bien mon dernier mot :
           Que le désordre qui m'irrite,
           Mon beau neveu, cesse bientôt,
           Ou, sinon, je vous déshérite. »

           Tel fut, un matin, le sermon
           D'un oncle septuagénaire,

Dont la conduite, assurait-on,
Ne passait pas pour exemplaire,
Avant qu'il fût un vieux barbon,
Frondeur et valétudinaire.

« Mon cher oncle, entre nous, répondit le neveu,
Si j'ai commis — j'en fais l'aveu —
Par-ci, par-là, mainte fredaine,
Considérez que j'ai vingt ans à peine :
C'est l'âge des plaisirs, la saison des amours,
Tems fortuné qui passe vite :
Ma foi, mon oncle, j'en profite.
Vous fûtes jeune aussi, maintenant c'est mon tour.
Ma vie, en ses vieux jours, sera plus régulière;
Par moi, dans quarante ans, vous serez imité;
Je vous promets, pour lors, une réforme entière;
On sait que l'homme, au bout de sa carrière,
Se fait une vertu de la nécessité. »

La réponse était vive, et même inconvenante;
D'autres diront impertinente;
Soit, comme eux je la blâme fort;
Cependant, pour être sincère,
Oncle et neveu, dans la forme, avaient tort,
Bien qu'ils eussent raison dans le fond; et d'abord,
L'oncle prédicateur était par trop sévère;

Il avait tort de se mettre en colère;
Il lui fallait se souvenir
Que ces rians péchés, qu'il prétendait punir,
Et qu'on pardonne à la jeunesse,
Il les avait commis bien près de sa vieillesse.
Le jeune homme, à son tour, devait avoir égard
Aux cheveux blanchis du vieillard,
Et ne pas l'avertir, sans respect ni mesure,
Que pour s'être amendé si tard,
Il perdait son droit de censure.
En exprimant sur le ton de l'injure
Ce qu'un esprit moins prompt eût laissé deviner,
Notre étourdi travaillait à se nuire;
Enfin, il avait tort, et de se mal conduire,
Et dans le mal de s'obstiner.

Disons-le, l'expérience,
Qui du monde a la science,
Et qui lit au fond des cœurs,
Par bonté, par conscience,
Montre de la patience
Envers les jeunes erreurs,
Pourvu qu'elles soient légères,
Et qu'elles ne durent guères;
Mais sa rigide équité
D'une pitié dédaigneuse

Poursuit la folie honteuse
Du vieillard sans dignité,
Qui s'est oublié lui-même,
Et, libertin suranné,
S'est au vice abandonné
Jusqu'à la limite extrême
De ses jours près de finir.
Est-ce à lui de soutenir
Des vertus la sainte cause?
Le malheureux ! il s'expose,
Lui vieillard, à ce qu'un jour,
Quelque adolescent imberbe
Lui jette un blâme, en retour
D'une réprimande acerbe.
Concluons : l'exemple est tout :
Sermons, sans la preuve au bout,
Ne sont que discours frivoles,
On l'a dit — le mot est vieux —
Une humble vertu vaut mieux
Que les plus belles paroles.

MÉLANGES.

LE POÈTE.

I

On a banni la Muse, on dédaigne la lyre ;
Le poète se tait, ou chante pour des sourds ;
En butte aux traits moqueurs des Midas de nos jours,
Il est traité par eux comme un homme en délire.

Quel insensé ! Pour lui l'or n'est pas le vrai bien,
Le seul qui rende heureux ; le trésor qu'il estime,
Douce félicité de sa pensée intime,
S'y dérobe pour ceux qui n'y comprendraient rien.

Selon des parvenus, pleins de leur importance,
Le bonheur qui lui plaît réside on ne sait où,
Et blâmant du rêveur l'inutile constance,
L'un dit : c'est une dupe, et l'autre : c'est un fou.

II

C'est un fou le poète! on le disait du Tasse
Et l'arrêt jusqu'à nous est venu retentir :
Des jaloux, flétrissant le génie et la grâce,
Déclaraient fou celui qui n'était que martyr.

Bien dupe est le poète, en son erreur profonde,
Suivant, sans dévier, le chemin de l'honneur,
Il aime mieux, malgré ce qu'il voit dans le monde,
Être loyal qu'habile, et trompé que trompeur.

L'étourdi qui vous juge, ô fils de l'harmonie!
Prétend que la raison n'est jamais votre lot;
Du vulgaire insulteur, payé par l'ironie,
Vous auriez bien le droit de dire : c'est un sot.

III

La poésie est le règne de l'ame ;
Elle a pour loi, pour foi la vérité ;
Sa vive ardeur émane de la flamme
Qui rejaillit de la Divinité.

C'est l'existence ennoblie, étendue,
Un saint rapport de l'homme avec le ciel ;
C'est l'idéal au milieu du réel ;
C'est de là-haut la beauté descendue.

De tout pouvoir l'homme s'est dégoûté ;
Qu'il reste, au moins, pour ressource dernière,
La poésie, aimable royauté,
Dont le domaine est la nature entière.

IV

Un mortel au cœur droit, intelligent et fort,
A la voix tour-à-tour tendre, élevée, austère,

Tel est le vrai poète ; on aime en lui l'accord
    Du talent et du caractère.

Pour biens, un simple toit, quelques livres chéris ;
Pour le cœur, la famille, ornement de la vie ;
Pour plaisirs, les coteaux, les bois, les prés fleuris ;
    Tels sont les trésors qu'il envie ;

Et c'est là ce qu'il chante ; en de pareils momens,
Il sent comme il est doux d'honorer ce qu'on aime,
Et de tant de bienfaits, de si purs sentimens
    Il rend grâce à l'auteur suprême.

V

    Ils seront en vain célébrés,
Ceux qui de l'art ont fait une industrie,
    Profanateurs des noms sacrés
De Dieu, d'amour, d'honneur et de patrie.

    Ils auront le succès d'un jour,
Ils brilleront de cet éclat factice

Qu'une beauté sur le retour
Sait usurper à force d'artifice.

Néant à leur célébrité !
Leur faux génie a bâti sur le sable ;
Rien n'est beau sans la vérité,
Sans la vertu tout l'homme est périssable.

VI

La Fortune livre au hasard
Et les faveurs et la richesse ;
Pour le génie et la sagesse
Que ne garde-t-elle une part ?

C'est que le mérite est modeste ;
Dans le partage des honneurs,
Quelques-uns sont pour les vainqueurs,
L'intrigue s'empare du reste.

Distrait, le poète a rêvé,
A son tour il vient, et réclame ;
Un bienfait lui fut réservé,
Il le trouve au fond de son ame.

PRIÈRE.

O notre père ! ô vous qui siégez dans les cieux !
Béni soit à jamais votre nom glorieux !
Vienne régner sur nous votre loi salutaire !
Que votre volonté soit faite sur la terre ,
    Comme en votre divin séjour.
    Pour soutien de notre existence,
Donnez-nous aujourd'hui le pain de chaque jour ,
    Et si nous pardonnons l'offense,
    Pardonnez-nous à votre tour.
Ne laissez point nos cœurs de l'erreur qui les tente
    Suivre l'entraînement fatal ,
    Mais , par votre grâce indulgente ,
    Seigneur ! délivrez-nous du mal.

SONGE D'UNE NUIT DE NOEL.

Une nuit de Noël , je m'endormis vers l'heure
    Qui rappelle au saint lieu ;
Un songe me montra la modeste demeure
    Où naquit l'Enfant-Dieu.

Et je vis, descendant de la voûte azurée ,
    Le groupe des Saisons ;
Ensemble elle venaient à la crèche honorée
    Porter leurs simples dons.

Le beau Printems, paré de grace adolescenté,
      Et de fleurs couronné,
Déposa, le premier, une rose naissante
      Aux pieds du nouveau-né.

Et puis, l'Été riant, aux traits jeunes encore,
      Par le soleil brunis,
Offrit avec respect à l'enfant qu'on adore
      Une gerbe d'épis.

Vint ensuite l'Automne, à la santé vermeille,
      Aux habits diaprés;
A côté de la crèche il mit une corbeille
      De fruits mûrs et dorés.

Mais au céleste enfant, à sa divine mère,
      Qu'il craignait d'attrister,
L'Hiver seul, à l'écart, honteux de sa misère,
      N'osait se présenter.

Et Jésus regardait tour-à-tour, sans les prendre,
      Épis, fleurs, beaux fruits d'or;
Indécis, inquiet, il paraissait attendre
      Un autre don encor,

Je vis alors l'Hiver dans la demeure sainte
          Entrer d'un air confus ;
Il tenait un faisceau d'épines, qu'avec crainte
          Il offrit à Jésus.

Vers ce funeste objet, avec un doux sourire,
          L'enfant tendit la main,
Et le cœur maternel, pressentant le martyre,
          Trembla d'effroi soudain.

Cependant l'Esprit-Saint, colombe immaculée,
          Dans l'air resplendissait,
Et la terre en silence écouta, consolée,
          Une voix qui disait :

« Mortels, séchez vos pleurs, les tourmens sont utiles,
          « Et comptés dans le ciel ;
« On verra naître un jour des épines fertiles
          « Un bonheur éternel. »

L'HORLOGE.

L'horloge enseigne la sagesse ;
L'heure ne sonne pas en vain ;
Le balancier va, vient sans cesse,
Le verrons-nous aller demain ?

A tout âge évitons de faire
Pour l'avenir de longs projets ;
Le tems fuit pendant qu'on diffère,
Dans sa course il n'attend jamais.

L'horloge....

Enfant, l'étude qui t'afflige,
Doit former ton ame aux vertus,
Et l'occasion qu'on néglige
Souvent ne se retrouve plus.

L'horloge....

Jeune homme, le plaisir t'invite,
L'honneur t'appelle; il faut choisir;
Mais quel danger, si l'on hésite
Entre l'honneur et le plaisir !

L'horloge....

Homme, travaille avec courage,
Du laboureur suis la leçon,
Souviens-toi que l'été de l'âge
Est l'époque de la moisson.

L'horloge....

Vieillard qu'attend le coup funeste,
Prends tes jours sans trop les compter,

Hâte-toi d'en goûter le reste,
Si tu peux encor te hâter.

L'horloge....

Du balancier la marche égale
A l'homme prédit son destin ;
Chaque jour l'aiguille fatale
Marque l'instant de notre fin.

L'horloge enseigne la sagesse ;
L'heure ne sonne pas en vain ;
Le balancier va, vient sans cesse,
Le verrons-nous aller demain ?

LE PRINTEMS.

Quand le printems est de retour,
Quand les prés et les bois reprennent leur parure,
Quel poète, amoureux d'un champêtre séjour,
Peut rester dans la ville impure?
Comment aimer les vers sans aimer la nature?
Sitôt que les premières fleurs
Émaillent le gazon de leurs vives couleurs,
Sur la colline, dans la plaine,
Je vais avec délice aspirer votre haleine,
O fraîches violettes, vous,
Qui me représentez mes printems les plus doux!
En souvenir de mes jours d'innocence,

Je me surprends cueillant encor
Et paquerette et bouton d'or,
Modestes fleurs dont mon enfance
Composait son plus cher trésor.
La nature semble renaître ;
Sous les tièdes zéphirs, à leur souffle embaumé,
Lorsque tout se ranime et prend un nouvel être,
Je me crois aussi ranimé.
La terre, long-tems languissante,
S'épanouit, fleurie et verdissante, :
Aux rayons d'un plus chaud soleil ;
C'est la beauté convalescente,
Qui nous sourit à son réveil.
D'un long ennui convalescent moi-même,
A la ville, en partant, j'ai légué mes soucis ;
Ma pensée est plus libre au fond des bois que j'aime,
Plus douce, quand le ciel et l'air sont adoucis.

Parfois, avec mélancolie,
Je redemande aux fleurs, à la brise, au printems,
De ma jeune saison ces rapides instans,
Où d'aimables erreurs mon ame était remplie ;
J'évoque le passé.... Fol espoir ! Vains souhaits !
L'homme voit revenir le printems sur la terre,
Mais son printems, à lui, ne revient plus jamais.

Ainsi parle une voix austère,

Qu'il faut écouter malgré soi ;

Et cependant, soumis à la commune loi,

Quand les ans pèsent sur nos têtes,

Pensons, même devenus vieux,

Qu'aux vieillards le maître des cieux

Ménage encor des jours de fête.

Mettons-les à profit, sans regrets superflus ;

Toute félicité ne nous est point ravie ;

Tant qu'à ses beaux printems la terre nous convie,

Essayons d'oublier qu'ici bas il n'est plus

De renouveau dans notre vie.

PROMENADE D'AUTOMNE.

Mets le chapeau que je préfère,
Prends ton châle aux plis onduleux,
Dans la forêt allons, ma chère,
Goûter la solitude à deux.

Tiens, au bord de l'étroite allée
Qui mène tout au fond des bois,
Voici la fontaine isolée
Qui nous plaisait tant autrefois.

Nous y penchions notre visage,
Tu souriais en m'y voyant,
Et je croyais dans ton image
Voir la nymphe me souriant.

Là-bas reconnais le vieux hêtre,
Au pied duquel assis un jour,
Nous parlions de bonheur champêtre,
De nos projets, de notre amour....

Mais quoi! le souffle de Borée
Attriste déjà le vallon,
Le Zéphire a fui la contrée,
A l'approche de l'Aquilon.

L'Automne a vidé sa corbeille,
Les fruits s'en vont avec les fleurs,
Du raisin la grappe vermeille
A réjoui les vendangeurs.

La fleur de ton choix, la bruyère,
Survit seule, comme un plaisir,
Comme une espérance dernière,
Qu'il faut se hâter de saisir.

Voici venir la saison dure,
Les beaux jours bientôt sont finis;
Octobre jaunit la verdure,
Aux bois plus de chants, plus de nids.

Et pourtant, je me crois encore
Au tems de notre jeune ardeur;
Pour l'amour n'est-il qu'une aurore?
N'est-il qu'un jour pour le bonheur?

La feuille, à regret détachée,
S'agite et frémit sous nos pas;
Va, si la feuille est desséchée,
Ma chère, mon cœur ne l'est pas.

Reste pour moi, reste la même,
Qu'importent les jours révolus?
Le printems dure tant qu'on aime,
C'est l'hiver quand on n'aime plus.

ADIEUX A LA JEUNESSE.

Adieu beaux jours de ma jeunesse !
Illusions, rêves du cœur,
Adieu ! le tems déjà me presse ;
Je vous le dis avec douleur :
Adieu beaux jours de ma jeunesse !

C'en est fait, je ne verrai plus
Ces jours tissus d'or et de soie ;
Vers l'avenir vœux superflus !
Plaisirs purs, innocente joie,
Hélas ! vous ne reviendrez plus.

La jeunesse, fleur de la vie,
Dure comme elle peu d'instans ;
Mais la fleur du fruit est suivie,
Et le fruit douteux que j'attends
Ne mûrit guère en cette vie.

Parfois je me crus malheureux,
Au tems où du moindre nuage
On se fait un orage affreux ;
Je me plaignais : trop heureux âge
Où l'on se croit si malheureux !

Maintenant, ô légères peines,
Comme je vous accepterais !
J'en éprouve de plus certaines,
Et du passé, par mes regrets,
J'appelle en vain les douces peines.

Le tems m'a donné des leçons ;
Il nous apprend à nous connaître ;
Mais c'est lorsque nous vieillissons :
Le tems est un rigide maître
Qui fait payer cher ses leçons.

Adieu beaux jours de ma jeunesse !
Illusions, rêves du cœur,
Adieu ! le temps déjà me presse ;
Je vous le dis avec douleur :
Adieu beaux jours de ma jeunesse !

AUX BAINS DE PFEFFERS,

EN SUISSE.

Pfeffers, tes arides sommets,
Ton ravin glacial, ces roches caverneuses,
Où le soleil ne pénétra jamais,
La Tamina, ses ondes écumeuses,
D'un lugubre tableau tous ces grands traits heurtés,
Du chaos présentent l'image.
On tremble à cet aspect sauvage,
Les yeux, les cœurs sont attristés.
Virgile et Dante sur ces rives
Auraient mis les ombres plaintives

Des tyrans, des hommes pervers ;
Leur poétique rêverie,
Dans tes antres, sombre Pfeffers,
Aurait imaginé les portes des enfers,
Et dans ta nymphe une furie.

Cependant — qui l'eût dit ? — la clémence de Dieu
Nous gardait un bienfait en un funèbre lieu
Qui ressemble au séjour du crime.
Inespéré trésor ! au bienfaiteur sublime
Quand il convint de le cacher.
Parmi les dangers de l'abîme,
Il avait ses desseins qu'il ne faut point chercher.
De sa puissante main il frappa le rocher,
Et sous la voûte sépulcrale,
Près de la Tamina fatale,
Une source jaillit. O divine bonté !
Là des infortunés vont puiser l'espérance,
Car cette eau tiède et pure adoucit la souffrance,
A nos corps affaiblis elle rend la santé.

Nature, ainsi tu viens en aide
A nos maux, trop souvent par nous-mêmes causés ;
Ta prévoyance en garde le remède.

Non, tes rochers par les siècles brisés ,

Vastes débris que la neige domine ,

Ce désordre que l'homme admire en pàlissant ,

De notre globe vieillissant

Ne présagent point la ruine :

Je n'accuse plus tes fureurs ,

Selon l'ordre d'en haut , ton pouvoir , ô Nature !

Du bien , du mal balance la mesure ,

Et tu fais aimer Dieu jusques dans tes horreurs.

STANCES

COMPOSÉES AU MILIEU DES ALPES.

Comme le torrent dans son cours
Entraîne les feuilles fanées,
Le tems emporte nos amours,
Tendres fleurs des jeunes années.

Comme l'onde fuit de la main,
Comme le vent rapide efface
Un brin d'herbe sur le chemin,
Du bonheur nous perdons la trace.

Nos rians projets d'avenir
S'envolent comme l'hirondelle ;
Mélancolique souvenir,
Toi seul, tu demeures fidèle.

Tout en ce monde est passager ;
L'espérance est une ombre vaine,
Le plaisir un souffle léger,
Tout est vain, excepté la peine.

A la fuite de nos beaux jours
Si la raison nous accoutume,
Il est des chagrins qui toujours
Laissent en nous leur amertume.

Il est des blessures du cœur,
Dont la cicatrice est durable,
Et des pertes dont le malheur
Est à jamais irréparable.

C'en est fait, j'ai reçu l'adieu,
L'adieu suprême de mon père !
Ta volonté soit faite, ô Dieu !
Mais elle est parfois bien sévère.

De cette belle vie, hélas !
Lorsque tu dénouais la trame,
Pâle spectateur du trépas,
Je sentis se briser mon ame...

J'ai dit : j'irai dans un désert,
Au sein des monts de l'Helvétie ;
Mais je n'en ai point découvert,
Où ma peine fût adoucie.

Le désert ! il est dans mon cœur,
En moi-même est la solitude ;
Tout me reflète ma douleur,
Partout l'aride inquiétude.

Ces vallons, ces bois que j'aimais,
Ces ruisseaux d'une onde si pure,
Les Alpes, leurs pompeux sommets,
Parés de neige et de verdure,

Jeune, je chantais autrefois
Le transport que leur vue inspire ;
Alpes, ruisseaux, vallons et bois,
Je ne chante plus, je soupire.

Et pourtant, les pics sourcilleux,
Leur hiver qui dure sans cesse,
Peuvent encor plaire à mes yeux,
Car ils partagent ma tristesse....

Toujours, mon père, tu me suis ;
Dans le ravin, sur la montagne,
Durant les jours, durant les nuits,
Toujours ton ombre m'accompagne.

Toujours je vois tes nobles traits,
Empreints d'un mâle caractère,
Ce large front que j'admirais,
Siége de la pensée austère.

Artiste, aux chefs-d'œuvre des arts,
Quand tu rendais un digne hommage,
Le feu que lançaient tes regards
Fondait les glaces de ton âge.

Mon père ! il m'en souvient encor,
Au seul nom de Rome, ton ame,
Rendue à son premier essor,
Sentait se raviver sa flamme.

Malgré les ans, ces bords chéris
Tenaient ta mémoire attentive;
De l'artiste vraiment épris
Rome est la patrie adoptive.

Féconde Italie, à mon tour,
Je te voue un pélerinage;
J'appelle, j'implore un séjour
Qui du passé garde l'image.

Là, peut-être, sous un beau ciel,
Qui sourit comme l'espérance,
Dans le Panthéon solennel,
Ou sous les myrtes de Florence;

Soit qu'à Tibur, à Tusculum,
J'évoque des sons prophétiques,
Soit que des murs d'Herculanum
Je sonde les débris antiques;

Ou du golfe napolitain
Effleurant la vague docile,
Soit que ma barque le matin,
Aborde au laurier de Virgile;

Tant de souvenirs glorieux,
Des beaux-arts la toute-puissance,
L'éclat d'un soleil radieux,
Seront pour moi la renaissance.

O mon père ! n'est-ce pas là
Que tu m'invites à te suivre ?
J'en crois mon désir, et déjà
Où tu vécus je voudrais vivre.

Tes pinceaux, ton art admiré,
Ne furent pas mon héritage ;
Le luth d'un poëte ignoré
Ici-bas m'échut en partage ;

Et quand, sous ses aspects divers,
Tu reproduisais la nature,
J'allais essayant dans mes vers
De la soumettre à la mesure.

Mais mon luth, long-tems détendu,
N'a plus qu'une corde sonore ;
Quelque jour, au calme rendu,
Pourrai-je m'en servir encore ?

Quand vient la saison des autans,
L'oiseau, blotti, souffre en silence ;
Il s'éveille avec le printems,
Et son chant d'amour recommence.

Pour moi point de printems heureux;
Tout joyeux accent m'importune ;
L'élégie au ton douloureux,
Seule, convient à l'infortune.

Elle a des sons pleins de douceur
Et d'une tendre sympathie ;
Il est aussi dans la douleur
Une secrète mélodie.

A qui gémit il faut des chants
Où maint soupir du cœur se mêle,
Et les concerts les plus touchans
Sont les plaintes de Philomèle.

A LA CASCADE DE TIVOLI.

Au sein d'un effrayaut abîme,
Cette onde, avec un bruit sublime,
Tombe, et disparaît à mes yeux ;
Plus loin, je la revois paisible,
Et poursuivant son cours flexible
Dans le vallon silencieux.

Par un sort fatal entraînées,
Ainsi nos rapides années
Vont au terme où tout doit finir ;
Pour l'homme il est un lieu peut-être,
Où, plus heureux, il va renaître,
C'est le secret de l'avenir.

ADIEUX A LA VILLA BORGHÈSE,

A ROME.

Aux dernières clartés dont le ciel se colore,
Je te vois encore une fois,
Solitaire villa; je veux ce soir encore
Goûter la fraîcheur de tes bois.

Leur feuillage long-tems fut mon plus cher asile,
J'y fuyais un monde trompeur,
Long-tems je suis venu sous leur ombre tranquille
Reposer mes sens et mon cœur.

Souvent je t'admirai du haut de la colline,
          Bel astre du jour, épanchant
Tes rayons amortis sur la vaste ruine
          De Rome, autre soleil couchant.

De mes soucis le chêne et le pin d'Italie
          Étaient les confidens discrets;
J'aimais à contempler, dans ma mélancolie,
          Les lauriers unis aux cyprès.

Mais j'errai par momens avec indifférence
          Même en tes bosquets ravissans,
Noble villa; distrait, je pensais à la France,
          A ma mère, aux amis absens.

Je vous quitte, je pars, adieu palais, bocages !
          Bientôt sans doute, à votre tour,
Vous aurez mes penser jusques sous les ombrages
          Témoins de mon premier amour.

Ainsi nous épuisons notre vie incertaine
          En vains regrets, en vains désirs;
L'avenir est douteux, le présent compte à peine,
          Et ne vaut pas nos souvenirs.

A VENISE.

Te voilà , Venise la belle,
Toi qui me ravis autrefois !
Après dix ans je te revois,
Et le charme se renouvelle.

De ces deux lustres, cependant,
Tu reçus de nouveaux outrages ;
Reine déchue, en ses ravages
Le tems va vite, l'homme aidant.

L'homme a brisé ton diadème,
Et le tems a ridé ton front;
Malgré l'irréparable affront,
Belle encor, Venise, je t'aime.

Oui, je t'aime plus que jamais,
J'aime ta grâce poétique,
Et la langueur mélancolique
Empreinte aujourd'hui sur tes traits.

Quand du sein de la mer profonde
Tu naquis, le monde enchanté
Crut voir Vénus, fille de l'onde.
La déesse de la beauté
Par un odieux hyménée
A Vulcain se vit enchaînée;
Du destin victime à ton tour,
Au soldat du nord immolée,
Telle, ô Venise désolée!
Tu subis un indigne amour.

C'en est donc fait, toi, libre et fière,
Jadis opulente et guerrière,

Tu péris ; ainsi l'a voulu
Du ciel un décret absolu.
Les arts sont l'unique domaine,
Le seul trésor qu'on t'ait laissé :
Tout ton bonheur est effacé,
Tu n'es plus déesse ni reine.

Captive en ses murs ruinés,
La cité de l'Adriatique
Est soumise au joug despotique
Des flots qu'elle avait dominés ;
Dans le sable infect des lagunes
Le lion de Saint-Marc demeure enseveli :
O Venise ! tes infortunes
Ont expié ta gloire, et ton sort est rempli.

Les vers mélodieux du Tasse
Ne sont plus chantés au *Lido*,
Le gondolier du *Rialto*
Ne les répète qu'à voix basse :
Au grand canal, dans *Murano*,
Plus de joyeuses barcaroles ;
Sur la *Giudeccà*, les gondoles
Ne livrent plus leurs banderoles

Au souffle douteux des zéphirs,
On les voit, aux heures nocturnes,
Comme des ombres taciturnes,
Glisser sous le *Pont-des-Soupirs*.

Les Doges dès long-tems ont disparu ; leur gloire
Ne subsiste qu'en marbre, en tableaux, dans l'histoire,
    On n'en verra point le retour :
Les succès, les revers, la puissance et le crime,
Sont des flambeaux éteints, engloutis dans l'abîme
    Qui s'ouvre pour nous chaque jour.

    En vain notre orgueil, qui murmure,
    Poursuit ici-bas l'avenir ;
    Tout œuvre humaine doit finir,
    Il ne survit que la nature.

RETOUR EN FRANCE.

Je vous revois, de ma patrie
Champs fertiles, aimés des cieux :
A ton aspect, terre chérie,
J'ai senti se mouiller mes yeux.
Je te salue, ô belle France !
Comme un nocher qui, sur les mers,
Lassé des maux qu'il a soufferts,
Jette l'ancre de délivrance,
Et, dans le port, en assurance,
Bénit le Dieu de l'univers.

Garde pour d'autres ton langage,
Stoïcien, prétendu sage,
Qui, mettant le raisonnement
A la place du sentiment,
Oses dire que la patrie
Est en tous lieux où l'on est bien.
D'un cœur sec triste rêverie !
Blasphème ! Il est un doux lien
De regret, de reconnaissance,
Qui rattache l'homme au séjour,
Où sa mère, avec tant d'amour,
Sur le berceau de son enfance
Autrefois veilla nuit et jour.

La patrie est comme une mère :
Une mère peut avoir tort ;
Même alors elle est encor chère,
On lui pardonne sans effort ;
On tolère ses injustices,
On l'aime, malgré ses caprices.
Une mère ! sur tous nos jours
Elle étend son aimable empire ;
Cette tendresse qu'elle inspire
Est le premier de nos amours,
Et le seul qui dure toujours !

Laissons l'Anglais cosmopolite
D'une île en Europe maudite
Quitter les éternels brouillards ;
Que dans tous les coins de la terre
Il aille courir les hasards ;
Loin de sa morose Angleterre
Qu'il traîne son orgueil hautain,
Sa dureté, son froid dédain,
De son *spleen* la sombre folie ;
En Suisse, en France, en Italie,
Qu'il rencontre un meilleur séjour,
Et qu'il l'adopte sans retour :
L'Anglais, à des rives lointaines
Demandant l'hospitalité,
Semble las des promesses vaines
De sa factice liberté :
Il peut abandonner son île,
Où jamais le soleil n'a lui,
Où règnent la brume et l'ennui :
Quel que soit son nouvel asile,
Partout il est mieux que chez lui.

Mais qui perdrait la souvenance
Du bon, du beau pays de France ?
Il est, fut, et sera toujours

Premier de tous pour la vaillance,
Pour les arts, le goût, les amours.
A des revers ses fils peu sages
Se sont eux-mêmes condamnés ;
Mais leurs lauriers par les orages
Ne sont point à jamais fanés,
Et pour les voir verdir encore,
Il peut suffire d'un soleil.
O France, que le monde honore,
Dont il redoute le réveil !
Va, ne pense pas qu'il ignore
Que tu sais venger un affront ;
Désormais calme et florissante,
Cultive, comme un sol fécond,
Ta prospérité renaissante.

L'homme, cupide ou curieux,
Parcourt la terre, son domaine,
Et s'élance après l'ombre vaine
Du bonheur qu'il cherche en tous lieux ;
Mais au réduit de ses aïeux
Si son ame n'est point flétrie,
Tôt ou tard, il doit revenir,
Pour vieillir en paix, et finir
Ses jours au sein de sa patrie.

Long-tems en de lointains pays
J'errai sans guide, à l'aventure ;
Au désir de voir j'obéis ;
Hélas ! qu'ai-je vu? l'imposture
Se jouant de la vérité,
J'ai vu la bonne foi bannie,
Le talent pauvre, et le génie
Indignement persécuté.
Dans leurs penchans toujours extrêmes,
Avares, prodigues, jaloux,
Ingrats, inconstans, vils ou fous,
Partout les hommes sont les mêmes.

Cependant, il faut voyager,
C'est une leçon dans la vie ;
Quand on vécut chez l'étranger,
On sait mieux aimer sa patrie.

VŒUX.

Je voudrais bien, dans un site champêtre,
Un simple toit, puis un arpent ou deux ;
Dieu daignera me les donner peut-être,
Car sa bonté sourit à d'humbles vœux.

Je voudrais bien — c'est ma plus chère envie —
D'un cœur sensible obtenir les aveux ;
Une compagne est l'espoir de ma vie,
Et son amour est l'objet de mes vœux.

Je voudrais bien — toujours l'homme souhaite —
Qu'un bel enfant vînt serrer nos doux nœuds;
Paternité, félicité parfaite,
Sentiment pur, tu comblerais mes vœux.

Je voudrais bien voir mes amis fidèles,
Contens chez moi, qui suis content chez eux ;
L'amitié reste, et l'amour a des ailes ;
A l'amitié je consacre des vœux.

Je voudrais bien.... mais c'est assez, j'abuse ;
Ce que j'ai dit est tout ce que je veux ;
L'ambition n'a jamais bonne excuse ;
Paix, liberté, voilà mes derniers vœux.

VŒUX RÉALISÉS.

Je souhaitais, quand j'étais jeune encore,
D'avoir un jour une maison des champs;
Dieu soit loué ! sa bonté que j'adore,
M'a fait ce don et bien d'autres présens.

Je demandais au ciel une compagne;
L'amour ajoute un charme au plus beau lieu :
Bonheur d'aimer, loisirs de la campagne,
Je vous possède, et j'en rends grâce à Dieu.

Je désirais un enfant , ce doux rêve
S'est accompli trois fois ; triple souci ;
Non, triple bien , et si Dieu n'y met trêve ,
Je lui dirai quatre fois grand merci.

Je convoitais quelque peu de fortune ,
De quoi suffire à des goûts modérés ;
Luxe inutile , et toi, gêne importune ,
Entre vous deux mes biens sont mesurés.

Je m'en tiens là ; ma part fut assez grande,
Dieu m'a traité par de là mes souhaits,
Je le bénis, et je ne lui demande
Que d'éviter l'abus de ses bienfaits.

MÉDITATION A LA CAMPAGNE.

Hoc erat in votis...
Horat. Sat. VI. Lib. II.

Là se bornaient mes vœux: un petit coin de terre,
Maisonnette et verger; près du toit solitaire,
Un bois. La Providence a comblé mes souhaits,
Et je me sens heureux des dons qu'elle m'a faits.
Ce que j'avais rêvé je l'obtins en partage,
C'est assez, de quel droit désirer davantage?
Dirai-je follement : « Le terrain du voisin
» Pourrait d'un tiers d'hectare agrandir mon jardin? »
Propos d'ambitieux ! vrai langage de prince !
Un conquérant ainsi convoite une province;

Mais qui veut trop tenir mal tient. Dirai-je encor :
» Un manant, l'an passé, découvrit un trésor
» En labourant le sol, et d'humble prolétaire,
» Le pauvre homme soudain s'est vu propriétaire.
» Ne pourrais-je, à mon tour, en creusant avec soin,
» Trouver un riche vase enterré dans un coin,
» De précieux débris, des médailles antiques ? »
Vœu stérile ! A quoi bon de semblables reliques ?
Je possède ici-bas — le ciel l'a bien voulu —
Avec le nécessaire un peu de superflu,
Médiocrité d'or, véritable fortune
Que tant d'autres n'ont pas ; et ma voix importune,
Du ton d'un mendiant, quêteur sans dignité,
Exigerait toujours sans avoir mérité !
Non, non, je n'attends plus de la bonté céleste
Que de savoir jouir et du tems qui me reste,
Et des modestes biens qui me sont départis.

Sur l'un de ces coteaux avec grace arrondis,
Qui de Montmorenci dessinent la vallée,
Comme un nid dans les bois, ma maison isolée
S'encadre de verdure ; et c'est un nid vraiment,
Car une bonne mère avec son cœur aimant
Y couve ses petits, un garçon, deux fillettes.
Celles-ci, j'en suis sûr, ne seront pas muettes,

Et j'entends un trio de rires ou de cris,

Qui peut bien me causer maint *lapsus*, quand j'écris

Prose ou vers ; ma cervelle, en cette vaine escrime,

Perd le sens avec l'un, avec l'autre la rime.

Chers enfans! tour à tour nos anges, nos démons,

Notre peine souvent; peine que nous aimons!

Saint-Prix est mon séjour : à la ronde l'on cite

Son patron, sa fontaine, et leur double mérite :

De la source limpide on admire les eaux;

A la gloire du Saint on a de Despréaux

Six vers (1); la poésie est l'encens du Parnasse.

Sauf l'Anio, qui manque à mon village, Horace

L'eût pris pour son Tibur; des hauteurs de Saint-Prix,

A l'horizon lointain je découvre Paris,

Comme de sa colline il apercevait Rome.

La vallée est célèbre; en tous lieux on renomme

Sa forêt et son lac, ses agrestes plaisirs :

A son charme se joint l'attrait des souvenirs;

Rousseau crut un moment y revoir ses *Charmettes*; (2)

Mais trop près de l'ermite un essaim de coquettes,

De beaux esprits mondains, répandait à foison

Erreurs et vérités, et folie et raison.

(1) V. *Pièces diverses*, dans les éditions complètes.
(2) A l'*Ermitage*, qu'il occupa du 9 avril 1756 au 15 décembre 1757.

C'étaient les partisans d'une philosophie
Sensuelle, commode, et trop souvent impie;
Le fougueux Diderot, prolixe, mais disert;
Le chantre des *Saisons*, l'élégant Saint-Lambert;
Grimm, à la tête froide, au cœur problématique,
Et d'Holbach l'incrédule, et Duclos le caustique;
C'étaient Galiani, grand diseur de bons mots;
Des femmes, des seigneurs, doués de l'à-propos :
Tous causaient à ravir, mais de la capitale
Ils transportaieut aux champs leur douteuse morale (3).

Notre vallée a vu de nouveaux habitans,
Et le goût a changé comme change le tems.
On dépensait l'esprit, c'est l'argent qu'on dépense :
Des grâces d'autrefois la richesse dispense :
La simplicité vieille excitant les dédains,
On bâtit dans les bois des palais citadins,
Que dirais-tu, Jean-Jacque, ô toi! mon pauvre sage,
Si tu pouvais renaître, et voir ton *ermitage*
De pompeuses *villas* désormais entouré?
On t'entendrait gémir, et d'un cœur ulcéré
Maudire éloquemment les maisons ciselées,
Usurpant la forêt, profanant ses allées :

(3) Il est question ici de la Société de madame d'Épinay, à son château de
la *Chevrette*, près de Montmorenci.

Tu fuirais... Mais où fuir pour vivre sans témoin ?
Les pays inconnus, s'il en est, sont bien loin.

Acceptons le pays et le siècle où nous sommes :
Le génie a seul droit de régenter les hommes ;
Ils sont ce qu'ils étaient, ce qu'ils seront plus tard ;
Mais n'est-il pas permis de se mettre à l'écart ;
La retraite est prudence, et non misanthropie.
Exempt de haine aveugle ou de colère impie,
Navigateur lassé, j'ai voulu le repos :
Que pouvais-je opposer à la fureur des flots
Sans cesse tout couverts de débris de naufrages ?
Lorsque le vent mugit, quand viennent les orages,
Faut-il, sur le navire où l'on est passager,
S'érigeant en pilote, augmenter le danger ?
Non, dans ces mêmes flots, traversés avec crainte,
Mon inutile ardeur s'est pour jamais éteinte :
J'ai payé mon tribut ; enfin, je touche au port ;
Adieu fortune, espoir ! Assez long-tems le sort
Me prit pour dupe, ailleurs qu'il cherche des victimes (1).

Quatre conditions nous rendent légitimes
Les douceurs du repos; ces clauses les voici,
Un bizarre écrivain les énumère ainsi :

(1) Inveni portum ; spes et fortuna, valete ;
    Sat me lusistis, ludite nunc alios.

« Bâtir une maison, et composer un livre,

» Planter un arbre, et puis dans un enfant revivre (1). »

Bien ou mal j'ai rempli, si *Tristram* a raison,

Tous ces devoirs, enfant, arbre, livre, maison ;

Que dis-je ? sur deux points j'eus trop d'exactitude ;

Scrupuleux à l'excès, selon mon habitude,

J'ai mis au pluriel et le livre et l'enfant ;

Tristram, que j'ai cité, n'en demandait pas tant.

Mes livres, ç'en est fait, ont eu leurs destinées ;

Je les crus assez bons durant quelques années ;

J'abandonne, il le faut, cette flatteuse erreur ;

Mais, quant à mes enfans, ma vanité d'auteur

Se prolonge, et dût-on s'en moquer à la ronde,

Ils sont miens, comme tels, les plus charmans du monde.

Pour ma maison des champs, je la vois ce qu'elle est,

Toute simple, modeste, et c'est ce qui m'en plaît.

Sur les coteaux voisins, même dans mon village,

Brille plus d'un château ; ce pompeux entourage

Me sert de perspective, il réjouit mes yeux ;

Mais à d'humbles désirs humble gîte sied mieux..

Une salle à manger pour dix, sans trop de gêne,

(1) « Les philosophes comptent quatre devoirs caractéristiques de l'homme :
bâtir une maison, planter un arbre, écrire un livre, et faire un enfant. »
                     Sterne, *Tristram-Shandy*, Chap. IV.

— De sincères amis puissé-je la voir pleine (1) ! —
Trois chambrettes, assez pour loger au besoin
D'heureux couples, — L'amour préfère un petit coin, —
Pour l'étude un réduit qui fait oublier l'heure,
Voilà, dans son entier, ma champêtre demeure.
Le soleil, en naissant, la regarde d'abord,
Et le mont la défend des outrages du nord (2).
Ces deux vers si connus pour le manoir d'*Hautile*,
Leur auteur les eût faits pour peindre mon asile.
Or, du mont protecteur, qui m'abrite si bien,
Une part, fort petite, il est vrai, m'appartient;
C'est un bois, mon bonheur, quand l'écho m'y renvoie
Le rire maternel et l'enfantine joie :
J'y suis heureux encor, même seul, quand j'y vais
Aux heures de silence où l'on médite en paix.
J'aime les bois, le chêne et sa mobile voûte,
Sous ce dôme riant la fraîcheur que l'on goûte,
Des châtaigniers touffus le demi-jour charmant,
Et la senteur des pins, et le bruissement
Du mélèze, imitant le murmure de l'onde.
Dans mon arpent je règne, et je m'y crée un monde :
Roi, je suis entouré d'un peuple végétal,
Et celui-là, du moins, ne songe point à mal;

(1) Utinam, inquit, veris hanc amicis impleam !
       Phoedr. *Socratis dictum*
(2) Boileau, Épître VI.

Avec lui je me plais, car cette multitude,
Bien loin de la troubler, accroît ma solitude.
J'ai vu, j'ai vu pourtant au calme accoutumé
Succéder le tumulte, un orage enflammé,
Parti de l'occident, assaillir la campagne,
Et venir, en passant, fondre sur ma montagne.
L'image d'un combat s'offre alors à mes yeux :
Tous mes arbres, poussés par un vent furieux,
Semblent avec transport lutter; dans la mêlée
S'agite du bouleau la tête échevelée;
L'émeute est dans mon bois; mainte branche en pâtit;
Mais, la cause cessant, le désordre finit;
L'ennemi vole ailleurs, et j'entends la fauvette
Proclamer qu'il s'éloigne, et que la paix est faite.

Faut-il imprudemment, quand je puis l'éviter,
Faire tête à l'orage, et courir l'affronter?
Aux tempêtes des bois, comme à celles du monde,
Je me sens inutile, et si la foudre gronde,
N'y pouvant rien, je gagne aussitôt mon réduit,
Où, distrait par l'étude, et m'isolant du bruit,
J'échappe en même tems aux tracas du ménage.
Là, lisant un poète, ou les écrits d'un sage,
Au génie en mon cœur j'élève des autels.
Mon refuge est peuplé de ces morts immortels,

Autre foule paisible, et qui jamais ne lasse :
C'est Virgile et Racine, et Voltaire et le Tasse ;
Despréaux près d'Horace ; autour de Cicéron,
Bossuet, Montesquieu, Rollin et Fénélon ;
Puis Montaigne, Pascal, Jean-Jacques, La Bruyère,
Et, réunis à part, La Fontaine et Molière ;
Tant d'autres, dont les noms, chéris de l'univers,
N'ont, pour être cités, nul besoin de mes vers.
Parmi ces morts fameux, élite révérée,
A peu d'auteurs vivans si je permets l'entrée,
La censure y perdrait sa peine, sur ma foi ;
Ma réponse est fort simple : on est maître chez soi.
Aisément, au surplus, tout bon esprit devine
Que je me garde bien d'exclure Lamartine,
Chateaubriant, plusieurs de nos contemporains,
Dont les droits désormais ne sont plus incertains ;
Mais je n'accepte point, ici je le confesse,
Maint candidat de gloire, imposé par la presse.
Arbre de la science, et du bien, et du mal,
La presse, dès que l'homme inventa le journal,
Nous a donné pour bons des fruits d'un goût étrange.
Du juste et de l'injuste insidieux mélange,
Le journal, c'est la langue, un organe assoupli,
Véridique, menteur, courageux, avili ;
C'est enfin, tour-à-tour sérieuse ou futile,
De la société l'expression mobile.

Notre monde se meut plus vite que jamais,
Et chaque mouvement s'intitule progrès;
Tout passe, opinions, lois, puissance, fortune;
Les arts sont emportés sur la pente commune:
La vie est une course, et les chemins de fer
Sont exprès pour ce siècle importés de l'enfer.
L'homme, toujours courant, n'a plus le tems de vivre :
Haletant vers le but qu'il s'acharne à poursuivre,
Comme on suit au désert le mirage trompeur,
Pour saisir le progrès il laisse le bonheur.
Bonheur, progrès, pourquoi ne vont-ils pas ensemble?
C'est que l'homme inconstant gâte ce qu'il assemble,
C'est qu'ici-bas le mieux est l'ennemi du bien.
Rien de trop, cet adage est bon, j'en fais le mien,
Il résume, en trois mots, la sagesse réelle.
De l'élan des esprits l'apparence est fort belle;
Le succès vaudra-t-il ce qu'il aura coûté?
Unira-t-on le luxe avec la liberté?
Marchons-nous vers la gloire, ou vers la décadence?
Hélas! Dieu des humains a borné la prudence;
Où brille la lumière il faut craindre le feu.
Que d'efforts! le bonheur en demande si peu!
Ou va le chercher loin, c'est la peine qu'on trouve;
Il est rare, en effet, mais la raison nous prouve
Qu'il n'est pas chimérique, et qu'on obtient encor,
Sinon le tout, au moins une part du trésor.

Nous l'avons, cette part, près de nous, en nous-mêmes,
Si de la plainte inique et des désirs extrêmes
Nous savons nous garder, si, modérés toujours,
Prenant, sans trop de soins, nos bons, nos mauvais jours,
Nous ne convoitons rien au-delà du possible.

Le bonheur sans limite est seul inaccessible,
Et la perfection ne nous appartient pas;
Mais un homme, placé ni trop haut ni trop bas,
Dans cet état moyen que le sage préfère,
Ayant à ses côtés une compagne chère,
Des enfans, dont il est le conseil et l'appui,
Des amis éprouvés, un peu de terre à lui,
De la santé surtout, de pareils biens le maître,
S'il ne se dit heureux, n'est pas digne de l'être.

ENCORE A LA CAMPAGNE.

Reçois ton possesseur, ô mon nouveau domaine,
Et puisses-tu sourire à l'espoir qui l'amène !
Il n'attend pas de toi cette félicité,
Bien-être inaltérable en vain sollicité :
De l'ardente jeunesse illusion dorée,
Ce bonheur est un rêve, il en a la durée :
Aux songes trop flatteurs l'âge mûr ne croit plus.
Je vieillis ; abjurant tous désirs superflus,
Ce que j'espère encor, ce que je vous demande,
A vous, champs, prés et bois, à toi, terre normande,

C'est le repos du cœur en de calmes loisirs,
C'est de rester sensible à d'innocens plaisirs.
S'il m'est donné de voir ma fidèle compagne
Ne pas trop regretter la ville à la campagne,
Comme autrefois se plaire en un simple réduit
Où de l'orage humain vient expirer le bruit;
Au lieu de ce fracas de colère et d'insulte,
Si de mes trois enfans j'entends le gai tumulte,
Leurs jeux sur la pelouse et leur chants dans les bois,
Comme je bénirai mon sort ! Et si je vois
Prospérer, grâce à Dieu, mon humble métairie,
Les canaux de l'*Iton*, qui baignent ma prairie,
Lui verser l'abondance, et le bétail heureux
Prodiguer le trésor de son lait savoureux;
Si la fermière, enfin, dans la grange bien pleine,
Entasse un beau blé mûr, juste prix de sa peine,
Et parmi les pommiers se promenant le soir,
Admirant tant de fruits réservés au pressoir,
Se réjouit déjà de la somme arrondie
Que doit lui rapporter son vin de Normandie,
De Cynéas alors je me répéterai
Le conseil excellent, je ne convoiterai
Nulle terre au-delà de mon petit empire,
Et moins fou que Pyrrhus, *sans sortir de l'Épire*, (1),
Voyant autour de moi des visages contens,

(1) BOILEAU, *Épître I.*

Satisfait à mon tour, *je prendrai du bon tems.*

Fort bien, dit un ami, qui parfois me critique,
— C'est son droit — j'aime assez ce tableau poétique;
Mais à Saint-Prix déjà vous nous l'avez rimé;
Dans un certain livret que je tiens imprimé,
Hoc erat in votis, disiez-vous comme Horace;
Comme lui vous vantiez, le suivant à la trace,
Votre maison rustique et sa tranquillité :
Or, cet abri si cher, pourquoi l'avoir quitté?
L'argument est pressant, la réponse facile :
Je n'avais pas prévu que ce riant asile,
Trop vaste pour moi seul, et pour deux large encor,
Ne pourrait contenir un jour tout mon trésor,
Et qu'à mes premiers nés se joindrait une fille ;
J'avais, étant garçon, compté sans la famille,
Dieu me la fit nombreuse, et dès-lors je me dis :
Il faut chercher plus loin un autre paradis.

Oui, voilà mon excuse, elle me justifie;
J'ai gardé mêmes goûts, même philosophie;
L'austère vérité, d'ailleurs, à chaque instant,
Me dit que j'ai passé l'âge d'être inconstant :
Puis fait-on ce qu'on veut? En vain d'un coin de terre
L'homme se croit le maître, il n'est que locataire;

La maison qu'il bâtit, qu'il regarde aujourd'hui
Comme sienne, demain est le séjour d'autrui ;
Heureux, il prétendait y fixer sa demeure,
Un incident l'en chasse, et puis il vient une heure,
Où, quand son nouveau gîte à peine est arrangé,
Le maître universel lui donne son congé.

STANCES.

A M. GINDRE DE MANCY,

Auteur des *Échos du Jura*.

Lorsque du haut de ton Jura
Tu vins jusque dans ma vallée,
Tes vers charmans l'ont signalée,
A son tour elle t'inspira.

Elle aussi répond au poète
Qui sait éveiller les échos ;
Pour qui l'interroge à propos,
La nature n'est pas muette.

J'aime et je crains ton chant si doux,
Gloire de mon séjour champêtre;
En me nommant, ami, peut-être
Tu m'auras fait plus d'un jaloux.

Tu cites mon nom peu sonore,
J'en suis flatté, mais confondu,
Et cet hommage inattendu
M'intimide autant qu'il m'honore.

Tu le sais, j'évite le bruit;
Tu connais ma philosophie;
Dès long-tems j'ai caché ma vie
Dans mon poétique réduit.

Là, cher Mancy, fuyant le monde,
Ne lui cédant que mes hivers,
Tant que les bois, les prés sont verts,
J'ai des saisons de paix profonde.

Là mon bonheur s'est enfermé,
Là j'entretiens de pures flammes,
Là pour mon ame il est des ames,
Là j'aime et je me sens aimé,

De mes jours j'ai compté le nombre ;
Peu m'importe un destin nouveau ;
Sous les feuilles, comme l'oiseau,
Dans un doux nid je vis à l'ombre.

Comme l'oiseau, de qui la voix
Au lointain n'est pas entendue,
J'ai chanté, ma voix s'est perdue
Dans la solitude des bois.

Sans dédain pour la renommée,
Noble salaire, ou sombre écueil,
Sans répéter avec orgueil
Que la gloire est une fumée,

Je la sens hors de mon pouvoir ;
Par l'âge instruit, je la redoute,
Et j'ai trop vu ce qu'elle coûte
De labeur et de désespoir.

Et puis, avec l'expérience,
Le doute arrive, sérieux,
On se juge, on se connaît mieux,
La modestie est conscience.

Il est tems alors de saisir
La raison, ce fruit mûr d'automne ;
Devenu sage, on abandonne
Tout vain projet, tout vain désir.

J'en suis là, si j'éveille encore
De mon luth les sons endormis,
Puissent-ils plaire à mes amis,
Et que le monde les ignore !

Eh ! qui ne se laisse tenter ?
Du passé perd-on la mémoire ?
J'ai pu renoncer à la gloire,
Non à la douceur de chanter.

Cependant l'honneur semble atteindre
Mon nom qui se mêle à tes chants ;
Dois-je, ami, de tes vers touchans
Te remercier, ou me plaindre ?

Merci plutôt, car tu me fais
Mieux estimer ce qui me reste ;
Quand tu peins mon bonheur modeste,
Il me charme plus que jamais.

Ce bonheur, je te le souhaite;
A toi, comme à moi, que faut-il?
Des bois le volontaire exil,
Un humble gîte de poète.

Ce qu'il nous faut, c'est ici-bas
La médiocrité paisible;
Ce qu'il nous faut, c'est le possible,
Qui vient trop tard... ou ne vient pas.

Qu'un sort prospère enfin t'advienne,
Et que le dieu des bonnes gens
Te donne une maison des champs!
Jusque-là je t'ouvre la mienne.

IMITATION D'HORACE.

(ODE 17, LIVRE II).

Chez moi ne brillent point les marbres, la dorure,
Les meubles somptueux, rassemblés à grands frais ;
Je n'ai pas hérité d'une fortune impure,
Ni d'un noble proscrit usurpé le palais.

Ma lyre est mon trésor, l'honneur est ma noblesse ;
Libre, j'ai le bonheur que long-tems j'espérai ;
Sans avoir le crédit, sans avoir la richesse,
Des riches, des puissans je suis considéré.

Je ne fatigue point de ma plainte indiscrète
Un ami qui possède un opulent emploi;
J'ai su me contenter de mon humble retraite,
Et mon petit domaine est suffisant pour moi.

Les jours chassent les jours, les mois passent rapides,
Le tems fuit: cependant, l'homme, près de mourir,
Bâtit une maison sur des bases solides,
Sans penser au tombeau qui pour lui va s'ouvrir.

Que dis-je? sur la terre il veut agir en maître;
Du voisin qui le gêne il convoite les biens;
Le pauvre est importun; du champ qui l'a vu naître,
A tout prix, sans retard, il augmente les siens.

Inutiles efforts! Il vient, il vient une heure,
Où soudain le palais pour la tombe est quitté,
Où le riche et le pauvre ont la même demeure,
Où la mort rétablit entre eux l'égalité.

A UN POÈTE.

Oui, croyez-moi, soyons fidèles
Au chantre inspiré de Tibur,
Au plus charmant de nos modèles,
A notre guide le plus sûr.

Le plus sûr !... Il faut bien s'entendre ;
On sait qu'il ne l'est pas toujours,
Et que surtout son cœur trop tendre
Fut volage dans ses amours.

Mais quel bon guide pour le style,
Pour l'agrément, l'esprit, le goût!
Prenons de lui l'exemple utile,
Et ne l'imitons pas en tout.

Sa poésie est sans égale;
Contre elle j'eus tort de lutter;
Désormais sa douce morale
Est ce que je veux imiter.

Tant qu'il est sage, aimons Horace,
Lui, ce poète chaleureux,
Dont le bon sens, orné de grace,
Nous enseigne l'art d'être heureux.

Ce qu'il conseille on peut le faire :
Que les désirs soient modérés,
Que la raison soit peu sévère,
Que les plaisirs soient mesurés.

Contens d'un modeste bien-être,
Qui donne aisance et liberté,
Évitons, comme fit le maître,
L'opulence et la pauvreté.

Suivons les avis du poète,
Et que son vœu soit notre vœu ;
Goûtons le monde et la retraite ;
Rien de trop, et de tout un peu.

Point d'excès, même de sagesse ;
Grâce à l'amour et grâce au vin,
Gardons un reste de jeunesse
Pour les jours de notre déclin.

Bref, acceptons notre existence,
Telle qu'elle est, sans murmurer ;
Auprès des maux, la Providence
A mis la douceur d'espérer.

FIN.

ERRATA.

Page 113, au lieu de : *Touchait* par là *de* son prédécesseur, lisez *Touchait* par là son prédécesseur.

Page 194, au lieu de : Le présent, *si frondeur*, lisez Le présent, *novateur*.

Page 210, au lieu de : Cette riche *vermeille*, lisez Cette riche *merveille*.

TABLE

POÉSIES DIVERSES.

VINGT ODES TRADUITES D'HORACE.

DOUZE ÉPITRES.

VINGT FABLES.

MÉLANGES.

FIN DE LA TABLE.

On trouve chez le même Libraire.

Grains de mil, Poésies et Pensées par H.-F. AMIEL. *Genève*, 1854, 1 vol.
petit in-8°.   3 fr. 75 c.

Chaponnière (J.-F.). IL FALLAIT ÇA, ou le Barbier optimiste. *Paris*, 1849,
in-12.   1 fr. 50 c.

Coquerel (Ath.), pasteur, Poésies et tragédie. *Paris*, 1851, 1 vol.
in-12.   3 fr. 50 c.

Recueil des Chansons de l'Escalade. *Genève*, in-12.   1 fr. 50 c.

Poésies, par ALBERT RICHARD, *Genève*, 1851, 1 beau vol. in-8°   6 fr.

Fables et poésies choisies, de T.-C. PFEFFEL, traduites en vers français
et précédées d'une notice biographique, par M. PAUL LEHR, 2e édition. 1 vol.
in-12.   3 fr. 50 c.

La Volière ouverte, Etrennes poétiques genevoises. *Genève*, 1852.   3 fr.

Fables, par MARC-ANTOINE MULHAUSER, *Genève*, 1850. 1 vol. in-12.   2 fr.

Bluettes et Boutades, par PETIT-SENN, 3e édition. *Paris*, 1 vol. in-32
jésus, papier superfin glacé.   1 fr. 50 c.

La fin tragique des Nibelons, ou les Bourguignons à la cour d'Attila,
poëme traduit du thyois ou vieux allemand, par M. BOURDILLON, *Paris*, 1 vol.
in-8°, imprimé par Crapelet.   3 fr. 50 c.

La Muse ottomane, ou chefs-d'œuvre de la poésie turque, traduits pour la
première fois en vers français, par M. ED. SERVAN DE SUGNY, ancien magis-
trat. *Genève*, 1 beau vol. in-8°.   9 fr.

Le roi Babolein, comédie de marionnettes, par MARC MONNIER. *Genève*,
1853, in-12.   1 fr. 25 c.

Voyages dans les Alpes, partie pittoresque des ouvrages de H.-B. DE
SAUSSURE, publiée par M. A. SAYOUS. *Paris*, 1 vol. in-12.   3 fr. 50 c.

Mélanges, par R. TOPFFER. *Paris*, 1 vol in-12.   3 fr. 50 c.

Le Mémorial de famille, par ÉMILE SOUVESTRE. *Paris*, 1 volume
in-12.   3 fr. 50 c.

PARIS. — IMPRIMERIE FÉLIX MALTESTE ET Cie,
Rue des Deux-Portes-St-Sauveur, 22.